Mehr.

Gott am Arbeitsplatz.

Philipp Döbeli

Den grössten Teil unserer Lebenszeit verbringen wir am Arbeitsplatz, oftmals jedoch mit der Vorstellung, dass unser Leben ausserhalb der Arbeit stattfindet, auch das Leben mit Gott. Philipp Döbeli nimmt den Leser mit auf seine Entdeckungsreise, dass uns Menschen mit Gott mehr verbindet als die Meisten sich bewusst sind – viel mehr! Er zeigt auf, dass unser Arbeitsplatz ein Ort ist, an dem wir noch reichlich ungenutztes Potenzial entdecken und freilegen können. Dieses Buch inspiriert dazu die grenzenlosen Möglichkeiten von Gott, seine Kreativität und Kraft die er uns in Fülle schenkt, in unserem ganzen Leben freizusetzen, insbesondere am Arbeitsplatz.

Matthias Truttmann
Pastor und Leiter der Freien Christengemeinde Aarau

Angst vor Versagen, falsche Identitätsbilder sowie Energielosigkeit haben zu viele Christen, im Spiel des Lebens, in ein geistliches Abseits katapultiert. Wer kann diesen Umstand ändern? Die Frage sollte vielmehr „Wie?" heissen! Gott braucht Sie an Ihrem Arbeitsplatz, nicht Ihren Mentor oder Ihren Pastor. In der Bibel steht, dass Gott mit derselben Kraft in uns Glaubenden am Werk ist mit der er Christus vom Tod auferweckt hat, wow! Philipp zeigt uns in seinem Buch hilfreich und praktisch auf, wie wir diese Kraft entdecken, fördern und gezielt einsetzen können, um unser wirtschaftliches Umfeld positiv zu beeinflussen. Sie wollen mehr von Gott an Ihrem Arbeitsplatz? Dann ist dieses Buch wohl genau für Sie! ABER ACHTUNG: Mehr Gott = Abenteuer. Sind Sie bereit dafür?

Marcel Sutter
Product Manager, BUCHER AG LANGENTHAL, MOTOREX-Schmiertechnik, Langenthal

Stimmen zum Buch

Dieses Buch ist ein Weckruf und Grundlage zugleich, mehr von Gottes Wirken in unserem Leben und speziell an unserem Arbeitsplatz zu erleben. Philipp Döbeli zeigt anhand Gottes Wahrheiten und mit praktischen Erlebnissen aus seinem Leben auf, wie Gott auch am Arbeitsplatz wirken möchte. Und dies ist erst der Anfang. Jesus war ein einfacher Zimmermann und hat die ganze Welt verändert. Er hat uns den Auftrag und die Zusage gegeben, grössere Dinge zu tun als er. Nicht nur wir Menschen brauchen Erlösung, sondern auch die ganze Schöpfung, unsere Wirtschaftssysteme, unsere Umwelt und Natur, Geschäftspraktiken und Ethik. Nehmen wir unseren Auftrag an und gehen mit Gott, wo immer wir sind. „Mehr." hilft uns beim Start.

Stephan Egli
Senior System Engineer, ABB Switzerland Ltd, Turgi

Philipp Döbeli wird Sie herausfordern, über Ihre Grenzen zu springen. Er hat sich das Ziel gesetzt, alles was er tut, aus der Kraft des Heiligen Geistes zu tun. Mit lebendigen Beispielen geht er uns voran und motiviert, es selbst aus zu probieren. Gott sind keine Grenzen gesetzt. In seiner Kreativität findet er immer neue Wege, uns Türen zu öffnen und uns zu überraschen. Wenn wir den Ausgleich finden und Gott im Stillen suchen, wird er uns die richtigen Worte für die richtigen Personen geben. Also lasst uns von einer Welt träumen, in der Gott die Wirtschaft durch uns lenken kann, und lasst uns einander dabei unterstützen.

Carolin Wächter
Abteilungsleiterin Ochsner Sport AG, Aarau

Dieses Buch wird Sie ganz sicher bereichern. Es hilft Ihnen herauszufinden, wer Sie sind oder sein könnten. Es lehrt Sie, in verschiedenen Bereichen die Absichten unseres Schöpfers für Sie und durch Sie zu verstehen, zu entdecken und umzusetzen. Das Buch hat das Potential, Ihr Arbeitsumfeld durch Sie zu verändern, weil Sie beginnen werden, neue Wege zu gehen und risikoreicher zu handeln, weil Sie Ihre Sicherheit beim Vater gefunden haben. Sie werden verstehen, was es heisst, zu einem Jäger nach himmlischen Schätzen zu werden, und das in einer Freiheit, die Sie begeistern wird.

Beat Carabin
Werkzeugmacher & Lehrlingsbetreuer, Blattner AG
Werkzeugbau, Gretzenbach

Dieses Buch verknüpft auf leicht verständliche Weise den Glauben mit dem Alltag. Es beinhaltet eine frische und inspirierende Art, Dinge anders zu sehen und an zu gehen. Dinge, die ein Unternehmen und die Menschen darin verändert. Es sind die kleinen Aufmerksamkeiten, welche den Unterschied machen und dem Leben Farbe geben. Es geht nicht darum, selbst zu versuchen, erfolgreich zu sein, sondern viel mehr darum, die Quelle zu definieren und daraus zu agieren. Meine Identität, meine Träume und meine Visionen dienen dazu, für Gott und andere einen Mehrwert hervorzubringen. Ich trage jeden Tag ein Vermächtnis bei mir, das geteilt und verschenkt werden will.

Fabio Schuppli
ICT Supporter Desktopmanagement, Kantonspolizei
Aargau, Schafisheim

INHALTSVERZEICHNIS

Vorwort

Wenn Sie in Ihrem Leben keine Veränderung wünschen, empfehle ich Ihnen, dieses Buch nicht weiter zu lesen, und es jemandem zu schenken, der mehr mit und durch Gott erleben möchte. Falls Sie sich hingegen Veränderung wünschen, stehen Sie vor dem vielleicht grössten Abenteuer in Ihren (Arbeits-)Leben.

Ganz egal was und wo Ihr Job ist, werden Sie entdecken, dass Gott einen exzellenten Plan für Sie bereit hat und Ihnen alles zur Verfügung stellt, diesen auch umzusetzen.

Ich habe ihn befähigt, Pläne für alle anstehenden Arbeiten zu entwerfen, Gegenstände aus Gold, Silber und Bronze zu schaffen, 2. Mose 31,4

Gott wird Ihnen seine Gedanken mitteilen, diese werden zu "Ihren" Gedanken, und so werden Sie an Ihrem Arbeitsplatz neue Dinge ins Leben rufen, bestehende Situation optimieren, Menschen freisetzen und noch Vieles mehr.

Philipp Döbeli wird Ihnen aufzeigen, welche Schlüssel Sie dazu benötigen. Ich staune darüber, welche Spuren Gott in seinem bisherigen Leben hinterlassen hat.

Mit seiner frischen und ermutigenden Art, nimmt uns Philipp mit, auf eine abenteuerliche Reise, welche ihn immer mal wieder in andere Länder und herausfordernde Situationen bringt.

Es gibt kein Navigationsgerät oder anderes Hilfsmittel welches all die Wege in unserem "Alltagsdschungel" kennt und uns sicher ans Ziel bringen wird, ausser der Geist Gottes!

Nicht durch Macht und nicht durch Kraft, sondern durch meinen Geist, spricht der HERR der Heerscharen, Sacharja 4,6

Ich wünsche Ihnen dasselbe, wie ich beim Lesen erfahren durfte. Viele von Gott inspirierte Impulse und Gedanken, welche Ihnen aufzeigen, wo an Ihrem Arbeitsplatz Gottes Schätze bereitliegen, die darauf warten, von Ihnen entdeckt und freigesetzt zu werden.

Dieter Gloor
Geschäftsleiter MTF Olten AG, Olten

„Hoffnung ist ein Feuer, das nie erlischt. Hoffnung sieht die grossartigsten Bücher, die noch nicht geschrieben sind und sagt: „Wir schreiben sie!" Hoffnung sieht die inspirierendsten Lieder, die noch nicht komponiert wurden und sagt: „Wir komponieren sie!". Hoffnung sieht Geschäftsproblemen, welche Firmen an den Rand der Verzweiflung bringen, unbeeindruckt entgegen, weil sie weiss, dass die Herrlichkeit Gottes das Undenkbare zur Realität machen wird. Die Hoffnung liebt das Unmögliche, denn sie ist motiviert, dieses Unmögliche normal werden zu lassen. Und dann sagt die Hoffnung: „Da bleiben wir nicht, da ist mehr, lasst uns vorwärts gehen. Dieses „mehr" ist nur der Anfang von dem, was uns zusteht, und zwar ein kleiner Anfang!"

Hoffnung zweifelt nicht, Hoffnung sieht das Unsichtbare so lange an, bis dieses sichtbar und lebendig wird. Hoffnung tritt aus dem Boot heraus und fragt verwundert: „Auf dem Wasser gehen? Damit können wir beginnen, aber danach wird auf dem Wasser getanzt, gehüpft, geturnt." Hoffnung setzt den Grundstein für Neues und treibt das Neue voran bis dieses zum Grundstein wird. Hoffnung gibt dann, wenn niemand mehr gibt.

Hoffnung lebt, Hoffnung gibt Leben und dies im Überfluss."

Philipp Döbeli

EINLEITUNG

Gottes Gegenwart wird dort freigesetzt, wo Personen voller Leben sind. Gottes Gegenwart wird dort freigesetzt, wo Personen realisieren, was es bedeutet, wenn der Schöpfer des Universums in ihnen lebt und sie dann ausleben, was Gott in sie hineingelegt hat. Wenn Gottes Gegenwart im Arbeitsumfeld freigesetzt wird, werden neue Arbeitsplätze geschaffen, Innovationen stehen an der Tagesordnung, Lösungen für unlösbare Aufgaben werden gefunden, Kunden entscheiden sich für diese Firma, weil sie sich angezogen fühlen, ganze Dörfer, Städte, Regionen werden positiv beeinflusst durch diese Unternehmen. Exzellenz wird zum Merkmal einer Organisation. Personen werden geheilt, Leute werden ermutigt, Angestellten wird aufgezeigt, wie wertvoll sie sind. Wenn Gottes Gegenwart freigesetzt wird, herrscht eine Kultur des ehrenvollen Umgangs. Das Träumen wird gefördert. Wenn der Himmel freigesetzt wird, herrscht Leben, Leben im Überfluss.

Dieses Buch wird Ihnen dabei helfen, das Fundament für all dieses Wunderbare zu legen. Es wir Ihnen dabei helfen Ihre wahre Identität zu finden. Sie werden dazu ermutigt Gottes unendliche Möglichkeiten zu entdecken. Sie werden angehalten Leidenschaft neu zu entdecken und diese so richtig auszuleben.

Wie wäre es, wenn Sie von nun an täglich mit Leidenschaft, Freude und Inspiration zur Arbeit gehen würden? Wie wäre es, wenn Sie als „normaler" Angestellte(r) mehr Einfluss nehmen und Veränderungen bringen könnten? Wie wäre es, wenn Sie von nun an täglich Gottes Stimme hören und ihn dadurch täglich besser kennenlernen würden? Wie wäre es, wenn Sie von nun an bekannt dafür würden, nie aufzugeben, ein Ermutiger zu sein, in Ihnen ein Feuer zu haben, das nie erlischt? Wie wäre es, wenn die Leute um Sie herum von nun an zu staunen beginnen würden, weil sie merken, dass Sie etwas in sich tragen, das fasziniert? Wie wäre es, wenn in Ihnen von nun an ein Hunger nach mehr, ein Hunger nach Leben erwachen würde, der Sie vorantreibt zu entdecken, Neues zu wagen, Reisen anzutreten, ohne am Start das Ziel bereits zu kennen?

Wenn Sie diese Fragen mit „Das wäre genial." beantworten, dann halten Sie das richtige Buch in den Händen.

Nichts hat die Geschäftswelt nötiger als Menschen, die den Himmel freisetzen und ich weiss, dass Sie genau so jemand sind. Für Sie liegen Schätze bereit, die Ihre Vorstellungskraft übersteigen. Gott will Ihnen zeigen, was in Ihnen steckt. Er will Sie mit allem, was er hat reich beschenken.

Sie brauchen all das, denn Sie werden gebraucht! Gebraucht dazu Leben zu bringen, Verantwortung zu übernehmen, neue Dimensionen für und mit den Leuten um Sie herum zu erschliessen, die Geschäftswelt zu verändern.

1. IDENTITÄT

„Die Erkenntnis über Ihre Identität bestimmt darüber, wie Sie sich selbst, Ihre Umstände und Ihr Umfeld sehen. Sie bestimmt darüber, was Sie sich und anderen zutrauen. Die Erkenntnis über Ihre Identität bestimmt darüber, ob Sie ein zufriedenes oder unzufriedenes Leben führen."

Dieses erste Kapitel ist die Grundlage für alles Weitere in diesem Buch. Eine gesunde Identität ist das Fundament für ein erfolgreiches und zufriedenes Leben. Was ist unsere Identität? Unsere Identität ist, wer wir sind. Die Art, wie wir denken, sprechen und handeln bestimmt nicht unsere Identität, sondern unsere Identität bestimmt die Art und Weise, wie wir denken, sprechen und handeln. Unsere Identität wird durch das geformt, was wir als die Wahrheit anerkennen und nach was wir uns ausrichten. Denn was wir als wahr erkennen, danach werden wir uns ausrichten.

„Richtet eure Gedanken auf das, was im Himmel ist" Kolosser 3,2

„Es soll euch zuerst um Gottes Reich und Gottes Gerechtigkeit gehen, dann wird euch das Übrige alles dazugegeben.“ Matthäus 6,33

Jeder unserer Gedanken, der nicht vom Himmel ist, ist unser nicht würdig. Wenn wir immer mehr von den wunderbaren Dingen, die Gott für uns und diese Welt bereit hat, auf die Erde bringen wollen, müssen wir Gottes Gedanken kennen lernen, wir müssen Gott besser kennen lernen. Je mehr wir Gott kennenlernen, desto mehr werden wir uns selbst kennen lernen. Wenn wir uns bewusst auf Gott ausrichten, ändert sich die Atmosphäre, mit welcher wir umgeben sind. Probleme treten in den Hintergrund, und unser Fokus liegt auf den Möglichkeiten Gottes. Selbstanklage hat keinen Raum mehr, weil uns klar wird, dass Gott uns bedingungslos liebt. Angst verschwindet, weil dort, wo die Liebe (Gott) ist, keine Angst herrscht.[1] Einsamkeit geht, weil Gott da ist.

Unser Denken ist also die Schaltzentrale in unserem Leben. Unser Denken entscheidet darüber, ob wir siegreich sind oder nicht.

Mit der Zeit wird es immer weniger ein bewusstes Ausrichten nach Gott und dem Himmel sein, weil wir immer mehr mit Gott und seinem Denken verbunden sind. Man könnte auch sagen, weil wir immer mehr in unsere Bestimmung als Söhne und Töchter Gottes hineinwachsen. Eine gesunde Identität ist nicht etwas, das hart erarbeitet werden muss, sondern sie entspringt auf natürliche Weise aus einer intimen Beziehung mit Gott. Das Potential einer gesunden Identität liegt in uns und

---

[1] 1. Johannes 4

wartet darauf, erwachen zu dürfen. Es ist möglich, nur noch Gedanken des Himmels zu denken. Es ist nicht nur theoretisch möglich, sondern ein Ziel, das praktisch erreicht werden kann:

Das soll dazu führen, dass wir alle in unserem Glauben und in unserer Kenntnis von Gottes Sohn zur vollen Einheit gelangen und dass wir eine Reife erreichen, deren Maßstab Christus selbst ist in seiner ganzen Fülle. Epheser 4,13

Gott in Ihnen

Gott wohnt in Ihnen.[2] Das Ausmass dieser Tatsache ist gewaltig. Deren genaue Bedeutung lässt sich nur erfassen, wenn wir Gott immer besser kennenlernen. Sie besitzen alle Wesenszüge von Gott. Überall wo Sie hingehen, ist er. Wenn Sie mit jemandem in Kontakt treten, hat diese Person eine Begegnung mit unserem Schöpfer. Wenn Sie sich entschieden haben, ein Leben mit Gott zu verbringen und ihn in Ihr Leben gelassen haben, dann sind Sie eine neue Kreatur. Neu bedeutet neu. Neu bedeutet nicht, dass das Alte Schritt für Schritt aus ihrem Leben verschwinden wird, sondern dass es gar nicht mehr Teil von Ihnen ist.

Dies bedeutet nicht, dass Herausforderungen oder Versuchungen ausbleiben werden. Es bedeutet vielmehr, dass Sie von nun an die Kontrolle über sich haben und Sie nicht länger von Ihrer alten Natur kontrolliert werden. Wir sind Gottes Söhne und Töchter.[3] Was Gott gehört, gehört auch uns. Somit gehört uns auch seine Autorität. Wir sehen in der Bibel, dass Gott Dinge alleine mit seinen

---

[2] 1. Korinther 6,19; Galater 4,6
[3] Galater 4,6

Worten ins Leben rufen kann.

„Gott sprach es werde Licht. Und es wurde Licht." 1. Mose 1,3

„Ich sage euch: Wenn jemand zu diesem Berg hier sagt: ›Heb dich empor und stürz dich ins Meer!‹ und wenn er dabei in seinem Herzen nicht zweifelt, sondern glaubt, dass das, was er sagt, geschieht, wird es eintreffen." Markus 11,23

Wir können also direkt zu Dingen oder Situationen sprechen, weil uns Gottes Autorität gegeben ist. Unsere Worte haben eine enorme Kraft. Wir können Dinge ins Leben rufen, die noch nicht sind. Das nächste Mal, wenn Sie feststellen, dass sich Gedanken, die nicht vom Himmel kommen, bei Ihnen breit machen wollen, können Sie in aller Ruhe sagen: „ Zweifel, Unreinheit, Angst, Hass, etc. verschwindet. Ihr habt kein Anrecht mich abzulenken. "

Gott will mit Ihnen reden

Während einer langen Zeit meines Christseins war meine Kommunikation mit Gott grösstenteils ein Monolog. Ich sprach zu Gott. Ich wusste nicht, dass ich Gott bewusst zuhören und dass er sofort antworten kann. Natürlich entfaltet sich eine Beziehung erst richtig, wenn regelmässig Dialoge stattfinden und so nahm die Qualität meiner Gottesbeziehung markant zu, als ich bewusst begann, auf ihn zu hören. Gottes Stimme zu hören ist wunderbar. Manchmal reicht es, wenn wir einen Satz von ihm hören und schon sind wieder Frieden und Hoffnung da. Ich erlebe es oft, dass ich tief berührt bin, wenn ich seine Stimme höre. Unser Feind in der unsichtbaren Welt weiss, wie mächtig Gottes Stimme ist und deshalb versucht er alles, damit unser Weg zu Gott eingeschränkt ist. Eines

Tages war ich am Vorbereiten einer Predigt und hatte Zweifel daran, ob ich Gottes Stimme wirklich hören kann. Ich streckte mich dann nach mehr von seiner Gegenwart aus und hörte ihn sagen: „Der Ball ist rund." Ich konnte anfänglich nichts mit diesem Satz anfangen, ich dachte, dass dies ja logisch sei. Ich habe ungefähr ein Dutzend Jahre Fussball gespielt, spiele gerne Tennis, es ist für mich selbstverständlich, dass ein Ball rund ist. Danach hörte ich Gott sagen: „So selbstverständlich es für dich ist, dass ein Ball rund ist, so selbstverständlich ist es, dass du meine Stimme hörst." Es war eindrücklich, wie Gott mir meine Zweifel sofort nahm und mich beruhigte. Dieses Beispiel zeigt auf, dass Gott so spricht, dass wir ihn verstehen. Sollten wir etwas im ersten Moment nicht sofort verstehen, gilt es nachzufragen, so wie wir dies in einem Gespräch mit einem Mitmenschen auch tun würden.

Wir können unser volles Potential nur ausschöpfen, wenn wir wissen, dass wir einen einfachen und uneingeschränkten Zugang zu Gott haben und ihn in jeder Situation hören können. Zum Einen müssen wir hören können, damit wir wissen, wo und wie Gott gerade in diesem Moment seine Güte demonstrieren will. Zum Anderen müssen wir hören können um unser Denken wieder mit dem Gedankengut des Himmels in Einklang zu bringen.

Die Perspektive des Himmels

Wie vorhin bereits angekündigt, ist unsere Gedankenwelt ein sehr umkämpftes Gebiet und es ist teilweise herausfordernd, alles aus der Perspektive des Himmels zu betrachten. Wie wissen wir also, ob wir in Einklang mit dieser Perspektive sind? Zwei hilfreiche Verse dazu sind die folgenden:

Denn im Reich Gottes geht es nicht um Fragen des Essens und Trinkens, sondern um das, was der Heilige Geist bewirkt: **Gerechtigkeit, Frieden und Freude.** Römer 14,17 (Hervorhebung durch Autor)

Die Frucht hingegen, die der Geist Gottes hervorbringt, besteht in **Liebe, Freude, Frieden, Geduld, Freundlichkeit, Güte, Treue, Rücksichtnahme und Selbstbeherrschung.** Galater 5,22+23 (Hervorhebung durch Autor)

Immer, wenn wir etwas denken, was diese Merkmale nicht beinhaltet, müssen wir unsere Gedanken wieder neu ausrichten. Man kann es auch anders ausdrücken: Wenn Gedanken in Ihnen nicht Gerechtigkeit, Frieden, Liebe, Freude, Geduld, Freundlichkeit, Güte, Treue, Rücksichtnahme oder Selbstbeherrschung ausdrücken, dann sind sie nicht von Gott. All diese Früchte stehen uns zu. Immer wenn Sie also innerlich beispielsweise keinen Frieden und keine Freude verspüren, holen Sie sich diese wieder zurück.

Kürzlich hatte ich folgende Gedanken: „In meinem Alter müsste ich beruflich schon weiter sein. Ich führe noch keine Leute, leite noch keine Projekte und habe wenig Verantwortung." Diese Gedanken lösten bei mir Zweifel, Unzufriedenheit und Unsicherheit aus. Ich merkte dann, dass diese Gedanken nicht von Gott kamen und somit nicht wahr sind. Als ich mich dann an Gott wandte und ihn fragte, was denn die Wahrheit sei, sagte er Folgendes: „Vertrau mir. Du bist genau am richtigen Ort. Du bist an diesem Ort, weil ich dir die Türe dort geöffnet habe. Du bist dort, weil ich dich dort haben will. Schau, wie viel du in den letzten Monaten gelernt hast, schau wie viel Freude du bei der Arbeit hast. Du bist genau am richtigen Ort, vertrau' mir." Das fühlte sich viel besser an. Ich wusste, das war Gottes Stimme.

Diese Vorgehensweise braucht es manchmal mehrmals täglich. Egal, worum es geht, fragen Sie Ihren Vater im Himmel über seine Ansichten. „Vater, wie siehst du diese Situation? Was sind deine Gedanken darüber? Was gibt es hier zu tun? Wie kann ich hier helfen? Etc."

Was tun, wenn Sie keine Antwort erhalten? Fragen Sie, warum Sie keine Antwort erhalten. Wenn wir dann nichts hören, dürfen wir davon ausgehen, dass uns Gott selbst entscheiden lässt. Wenn wir davon ausgehen, dass Gott Liebe ist und er somit nur das Beste für uns will, können wir davon ausgehen, dass, wenn er auf mehrmaliges Fragen keine Antwort gibt, er es uns zutraut, dass wir die Antwort bereits wissen oder sie selbst herausfinden können.

Wir sind rein

Vielleicht machen Sie sich oft Gedanken darüber, ob, was Sie sagen, richtig ist, oder ob Sie jetzt genau Gottes Willen getan haben. Entspannen Sie sich! Wenn wir wissen, dass Gott in uns wohnt und wir in seinem Ebenbild geschaffen sind, dann dürfen wir wissen, dass wir gut und rein sind. Das heisst nicht, dass wir keine Fehler mehr machen werden, aber dort wo Gottes Geist ist, dort ist Freiheit. Ich lebe lieber in dieser Freiheit und treffe einmal eine falsche Entscheidung, als dass ich gefangen immer die richtige

Entscheidung treffe (und es sei mal dahingestellt, ob dies überhaupt möglich ist).

Seine Gegenwart verändert

Da Gott in uns wohnt, ist seine Gegenwart ständig in uns. Trotzdem gibt es Zeiten, während denen seine manifeste Gegenwart für uns spürbarer ist, als in anderen. Oft sind das Zeiten in denen wir uns aktiv nach ihm ausstrecken und einfach sagen: „Vater ich will dir begegnen. Ich will mehr von dir." Nach solchen Aussagen erlebe ich es oft, dass es nicht lange geht und ich spüre, wie mich seine Gegenwart umgibt. Es ist schwierig zu beschreiben, wie es sich anfühlt und nicht jede Person erlebt seine Gegenwart gleich. Es sind sehr intime Momente zwischen uns und Gott. Oft kommen mir in diesen Momenten Tränen. Diese Tränen werden durch eine tiefe Ehrfurcht, Dankbarkeit, Freude und einen wunderbaren Genuss ausgelöst. Diese Momente gehören zu den schönsten in meinem Leben, Momente, in welchen ich bewusst realisiere, dass für Gott nichts unmöglich ist. Es kommt jeweils eine grosse Freude auf die Zukunft über mich, denn ich weiss, mit meinem himmlischen Vater wird die Zukunft sehr gut.

Was haben diese Momente mit unserer Identität zu tun? Solche Zeiten verändern uns. Es sind Begegnungen mit dem Himmel. Es ist ein Inverbindungtreten mit unserer Heimat. Es sind solche Zeiten, die unsere Identität prägen und sie stärken.

Sie werden nie zu kurz kommen

Im Himmel gibt es keinen Mangel. Wir werden nie zu kurz kommen. Mit einer gesunden Identität sind wir uns konstant bewusst, dass wir jetzt alles haben, was wir brauchen und auch in Zukunft alles haben werden, was wir brauchen. Dieses tiefe Bewusstsein gibt uns Ruhe und Frieden. Wir müssen uns nicht mehr in den Vordergrund drängen, wir können ganz getrost das Beste für unser Gegenüber wollen. Personen, die noch keine gereifte Identität haben, sind oft in Sorge darüber, ob es für sie auch noch reichen wird.

Gott sieht Ihre Leistung und er wird Sie befördern. Unsere Aufgabe ist es, an unserem Arbeitsplatz zu dienen. Gottes Aufgabe ist es, Ihnen die Türen zu öffnen.

Übernatürliche innere Ruhe

Eine gesunde und gefestigte Identität zu besitzen ist die Voraussetzung dafür, die Person sein zu können, die Gott sich gedacht hat. Eine gesunde und gefestigte Identität ist notwendig um mutige Schritte zu gehen. Eine gesunde Identität zeichnet sich durch eine übernatürliche innere Ruhe aus. Wenn wir konstant in dieser Identität unterwegs sind, wissen wir, dass egal was passiert, egal wie die Umstände sind, egal was an uns heran getragen wird: Es gibt niemals einen Grund für Unfrieden.

Ich erachte das Halten von Präsentationen als eine meiner Stärken. Einmal nach einer Präsentation gab mir mein Vorgesetzter ein negatives Feedback. Vor allem methodisch habe ich Fehler gemacht, die mir nicht hätten passieren dürfen. Kritisiert zu werden ist das eine, aber in einem Bereich kritisiert zu werden, der zu den eigenen Stärken gehört, schmerzt noch mehr. Wie gut ist es gerade in solchen Situationen zu wissen, dass unsere Identität nicht von unserer Leistung abhängig ist und nicht davon, was andere Personen über uns sagen, sondern davon, wer wir sind und wem wir gehören. Eine gefestigte Identität nimmt Kritik den Wind aus den Segeln.

Zuhören und Lernen

Zuhören und konstantes Lernen gehören zu den wichtigsten Eigenschaften einer erfolgreichen Geschäftsperson. Echtes Zuhören wird jedoch erst möglich, wenn unsere Identität gefestigt und gesund ist. Oft müssen sich unsichere Personen mitteilen und im Mittelpunkt stehen. Sie brauchen Aufmerksamkeit. Unser Ziel soll es sein, unser Gegenüber zu verstehen und wir können oft erst verstehen, wenn wir zuhören. Steven Covey schreibt, dass es nicht darum geht zuzuhören um zu antworten, sondern zuzuhören um zu verstehen.[4]

Wenn wir unsere Mitmenschen ernst nehmen wollen, müssen wir ihnen zuhören, auf sie eingehen, verstehen wollen, was sie wirklich bewegt. Wenn unsere Identität gesund und gefestigt ist, geht es uns nicht darum, Recht zu haben oder unser Gegenüber von etwas zu überzeugen, sondern wir können einfach da sein und zuhören. Zuhören ist eine Grundlage für erfolgreiche Beziehungen.

Haben Sie keine Angst, dass man nicht auf sie hören wird. Haben Sie keine Angst, dass Sie nicht zum Sprechen

[4] Übersetzt aus: Covey, Steve. Die 7 Wege zur Effektivität: Prinzipien für persönlichen und beruflichen Erfolg, Gabal, 2005.

kommen werden. John Maxwell sagte einmal Folgendes: „Leute interessiert es nicht, wie viel Sie wissen, bis sie merken, wie stark Sie sich für sie interessieren."[5] Personen, die hierarchisch höher stehen als Sie, mehr verdienen als Sie und besser ausgebildet sind als Sie, werden zu Ihnen kommen und Sie nach Ihrer Meinung fragen. Hören Sie Ihnen zuerst zu.

Ein Lebensstil des Zuhörens schafft die Möglichkeit einer „Lernmentalität". Egal, in welcher Position Sie sind oder was für Ausbildungen Sie bereits abgeschlossen haben, versuchen Sie, konstant zu lernen. Stellen Sie Fragen, gehen Sie Dingen nach, die Sie nicht verstehen. Sie werden so nicht nur fachkompetenter, sondern Sie lernen so auch die einzelnen Leute besser kennen, die ihnen die Auskünfte geben. Sie lernen ihr Unternehmen besser kennen, sie werden verstehen, warum Abläufe so funktionieren (oder eben nicht), wie sie aufgebaut sind. Je mehr Sie verstehen, desto mehr können Sie beitragen und dienen. Dazu kommt, dass Sie an Glaubwürdigkeit bei Ihren Arbeitskollegen gewinnen. Auch Sie hören sicherlich lieber jemandem zu, der zuerst Ihnen zuhört und zu verstehen versucht, was Sie sagen.

Ehrlichkeit

Eine gesunde Identität ermöglicht Ehrlichkeit, welche Freiheit und Vertrauen freisetzt. Wenn Ihre Identität gesund ist, haben Sie nichts zu verstecken. Sie können ehrlich sein. Ehrlichkeit führt in Beziehungen mit Personen, mit denen man Leben teilen will, immer zu

---

[5] Übersetzt aus: Maxwell, John C. The 21 irrefutable laws of leadership. Thomas Nelson, 2007.

Freiheit und Vertrauen. Sie ehren Ihr Gegenüber, wenn Sie jederzeit mit offenen Karten spielen, also offen kommunizieren. Ehrlichkeit ist die Grundlage für Vertrauen und Vertrauen schafft Sicherheit. Sicherheit wiederum ist die Grundlage, dass sich Leute öffnen können. Eine sichere Umgebung gibt Leuten um uns die Möglichkeit, selbst ehrlich zu sein.

Identität und Freiheit

Identität und Freiheit sind zwei Charakteristiken, die sehr eng miteinander verbunden sind. Ein Merkmal einer Person, die eine gesunde Identität hat, ist, dass sie frei ist, also in Freiheit lebt. Das Gegenteil von Freiheit ist Gefangenschaft. Gefangenschaft bedeutet, dass ich nicht selber über etwas entscheiden kann. Über gewisse Bereiche besteht keine Kontrolle. Freiheit bedeutet, dass ich in keinem Bereich meines Lebens in Gefangenschaft lebe. Es geht jedoch nicht darum, dass ich dann frei bin, wenn ich alles selbst im Griff habe, sondern echte Freiheit besteht nur da, wo der Geist Gottes lebt.[6] Daraus können wir schliessen, dass wenn es noch einzelne Bereiche gibt, wo wir uns nicht frei fühlen, wir diese unter die Kontrolle des Heiligen Geistes bringen dürfen. Ängste, Süchte, Hass, Verzweiflung, Sorgen sind also immer Einladungen in die totale Freiheit.

Freiheit bedeutet für mich, jederzeit die Gegenwart Gottes in seiner Tiefe suchen und erleben zu können. Freiheit bedeutet auf eine Einladung mit „Nein" antworten zu können ohne sich rechtfertigen zu müssen. Freiheit

---

[6] 2. Korinther 3,17

bedeutet geben zu können, aber nicht geben zu müssen. Freiheit bedeutet helfen zu können, aber nicht helfen zu müssen. Freiheit bedeutet, sich satt zu essen, aber sich nicht überessen müssen. Freiheit bedeutet, Geschenke anzunehmen ohne etwas zurückgeben zu müssen.

Frei zu sein hilft jedoch nicht nur zu legitimieren, warum man etwas nicht tun muss. Es bedeutet auch frei zu sein Dinge zu tun, die man normalerweise nicht tun möchte. Es bedeutet, dienen zu können, wenn einem nicht danach ist. Es bedeutet lieben zu können, wenn man hassen würde. Es bedeutet geben zu können, wenn man für sich behalten würde.

Freiheit bedeutet auch, sich innerlich immer wohl und geborgen zu fühlen. Egal wo Sie sind und was Sie tun. Sie wissen und erfahren, dass Ihr Vater jederzeit bei und in Ihnen ist. Dies gibt Ihnen jederzeit eine tiefe innere Zufriedenheit.

Ruhe über Weiterbildungsfragen

Wir leben in einer Gesellschaft und Zeit, in welchen extrem viel Wert auf Aus- und Weiterbildungen und akademische Titel gelegt wird. Ausbildungen sind notwendig, wichtig und gut. Das Motiv, warum wir eine Ausbildung machen und das Timing sind jedoch ebenso wichtig. An der Art und Weise, wie Sie reagieren, wenn Sie jemanden treffen, der besser ausgebildet ist als Sie, erkennen Sie, wie gefestigt Ihre Identität ist. Wenn Sie unter Druck geraten, wenn sich Minderwertigkeit breit macht oder andere Gefühle oder Gedanken, die Unruhe auslösen, hervorgerufen werden, ist es ein Zeichen dafür, dass Sie sich von Gott noch mehr Offenbarung darüber schenken lassen dürfen, wer Sie sind.

Umgeben Sie sich mit starken Personen

Wie gut und wie viel Sie in einzelnen Bereichen, sei es persönlich oder geschäftlich, wachsen können, hängt stark davon ab, mit welchen Personen Sie sich umgeben. Wenn Sie wachsen möchten, sollten Sie sich mit Personen umgeben, die das haben, was Sie sich auch wünschen. Personen, die Sie inspirieren, eine gesunde Identität und Leidenschaft haben. Beginnen Sie damit, diesen Leuten Fragen zu stellen. Fragen Sie sie, wie Sie dies und das tun. Fragen Sie sie, was Ihre Erfolgsgeheimnisse sind, was sie antreibt. Sich in die Umgebung solcher Personen zu begeben mag herausfordernd sein, wenn man selber noch nicht gefestigt ist in seiner Identität. Man mag versucht sein, den Blick auf das zu richten, was man noch nicht hat. Aber nichts ist besser, wenn es Ihr Ziel ist zu lernen und sich weiter zu entwickeln.

Aus der Ruhe heraus handeln

„Seid stille und erkennet, dass ich Gott bin!" Psalm 46,11 [LU]

Personen mit einer gesunden Identität handeln, sprechen, ja leben konstant aus einer inneren Ruhe, aus einem inneren Frieden heraus. Als mich Gottes Gegenwart das erste Mal so richtig erfasste, bin ich während ungefähr einer Stunde am Boden gelegen und habe gelacht. In dieser Zeit fragte ich Gott mehrmals, was er mich in diesem Moment lehren möchte. Ich konnte zuerst nicht genau herausfinden, was er mich lehren wollte. Er erzählte mir in dieser Zeit beispielsweise einen Witz. Diese Begegnung mit ihm hat mir sehr gut getan und eine enorme Freiheit in mein Leben gebracht. Ich realisierte danach auch, was er mich lehren wollte: Er wollte einfach mit mir zusammen sein. Es ging ihm nicht darum, dass ich Offenbarung über komplizierte Sachverhalte erhielt, sondern er wollte einfach mit mir sein. Gott will oft einfach Gemeinschaft mit uns. Es geht nicht immer darum, von ihm zu lernen, sondern manchmal einfach darum mit ihm zu sein. Je mehr wir solche Zeiten erleben, wo wir einfach Gemeinschaft mit ihm pflegen, desto mehr werden wir aus der Ruhe leben können. Wir leben dann aus einer gesunden Identität heraus und es geht uns nicht darum, mit unserer Arbeit oder Aktivität für unsere Identität zu arbeiten.[7] Oft mögen wir das Gefühl haben, dass wir jederzeit aktiv und produktiv sein müssen. Doch Aktivität ist nicht gleich Produktivität. Oft ist es viel produktiver einfach zu sein.

Ihre Arbeit ist Ihr Dienst

Wo immer wir arbeiten, wir tun es für Gott. Überall wo wir arbeiten, haben wir Personen um uns herum und/oder eine Arbeit zu verrichten, ein Thema voranzubringen. Überall wo wir uns aufhalten, bietet sich die Möglichkeit, Gottes Liebe zu demonstrieren. Sie sind nicht nur einfach eine angestellte Person, Sie sind jemand, der überall Möglichkeiten und Einfluss hat, ungeachtet auf welcher Hierarchiestufe eines Unternehmens Sie sich befinden. Ob Sie in der Wirtschaft, Politik oder im Bereich der Künste arbeiten, Sie sind im Vollzeitdienst. Sie haben die Möglichkeit mit Personen in Kontakt zu treten, die Ihr

---

[7] Übersetzt aus: Mason, Andy. God with you at work. 2014.

Pastor vielleicht nie antreffen wird. Sie haben die Möglichkeit Ihre Gaben auf eine Art und Weise zu gebrauchen, wie dies vielleicht nur in Ihrem Unternehmen möglich ist. Helfen Sie in Ihrer Gemeinde mit, aber entspannen Sie sich. Sie müssen nicht das Gefühl haben, auf die gleiche Arbeitsstundenzahl wie Ihre Freunde zu kommen, die in der Gemeinde angestellt sind. Sie bringen den Himmel auf die Erde, jeden Tag während mindestens acht Stunden an Ihrem Arbeitsplatz.

Ihr Gegner

Ihr Gegner will alles, was Gott nicht will. Er will Sie zerstören und er setzt alles daran, dieses Ziel zu erreichen. Er hat von sich aus jedoch keine Macht. Er erhält nur so viel Macht, wie wir ihm gewähren.

In der Bibel lesen wir, dass unser Gegner, Satan, konstant wie ein hungriger Löwe um uns schleicht und nur darauf wartet, bis er zugreifen kann. [8] Er ist der Meister der Lüge, das heisst, dass alles, was er Ihnen verkaufen will, eine Lüge ist. Satan liebt es, Dinge zu verdrehen. Er nimmt Dinge, die Sie von Gott gehört haben und verdreht sie.

Wenn Sie beiwpielsweise vor Ihrem inneren Auge sehen, wie Sie im Regen stehen und Gott Ihnen sagt, dass lebendiges Wasser über Sie kommt, dass dieses Wasser Segen bedeutet, dann sagt ihnen Satan etwas anderes. Er sagt dann, dass im Regen stehen unangenehm ist, dass Sie nass werden uns sich erkälten können. Satan erhält nur so viel Macht, wie wir ihm gewähren.

---

[8] 1. Petrus 5.8

Die Sünde, das Böse, ist ein Geist

John Bevere's Frau war einmal in einem Flugzeug und stellte fest, dass der Mann, welcher neben ihr sass, nichts ass, weil er am Fasten war. Sie nahm an, dass er Christ war und sprach ihn an. Er antwortete: „Ich bin kein Christ. Ich bin Satanist. Wir fasten gegen christliche Leiter und ihre Ehen. Wir beten, dass sie Ehebruch begehen."[9]

Der Kampf gegen das Böse ist eine Realität. Wir müssen uns bewusst sein, dass es kein Kampf ist, den wir gegen Menschen führen, sondern gegen böse Mächte, gegen Dämonen. Jeder Mensch wurde im Ebenbild Gottes geschaffen, aber einige Menschen haben sich gegenüber solchen Mächten geöffnet.

Es geht mir nicht darum, Ihnen Angst einzujagen, überhaupt nicht. Es geht vielmehr darum zu sensibilisieren. Wenn wir wissen, dass wir einen Gegner haben und seine Strategie kennen, fällt es uns einfacher, ihm zu widerstehen.

Seine Wege

Satan versucht, uns konstant Angst einzujagen, uns anzugreifen und er tut es immer auf die folgenden fünf Arten:

„

1. Er greift unsere Persönlichkeit, unsere Identität an.

---

[9] Übersetzt aus: Pringle, Phil. Leadership Excellence. Pax Ministries Pry Ltd. 2005.

2. Er greift unsere Motive an.

3. Er greift unsere Beziehung zu Gott an.

4. Er greift unsere Fähigkeit an.

5. Er greift die Qualität unseres Dienstes an."[10]

Etwas ausgeführt bedeutet dies:

1. Er wird Ihnen immer klar machen wollen, dass Sie nicht wertvoll und nicht geliebt sind. Er wird Ihnen einzureden versuchen, dass Sie ein Sünder und kein Sohn sind, dass Ihr Wesen schlecht ist, dass Sie sich selbst nicht trauen können.

2. Er wird Ihnen immer einprägen wollen, dass Sie alles wegen sich selbst machen wollen. Er wird versuchen Ihnen weiszumachen, dass Sie selbstsüchtig sind und demütiger werden müssen.

3. Er wird Ihnen einzureden versuchen, dass Ihre Beziehung zu Gott schwach ist, dass Sie sich weit weg von Gott befinden und dass Sie sich vor Gott fürchten müssen.

4. Er wird versuchen Ihnen weiszumachen, dass Sie für Ihre Aufgabe nie gnügen und dass Sie Ihr Ziel niemals erreichen werden.

5. Er wird versuchen, Sie davon zu überzeugen, dass Ihr Arbeit keine Früchte trägt und das, was Sie tun, nichts wert ist.
Wenn Sie diese Strategien des Feindes kennen, wird es

---

[10] Übersetzt aus: Valloton, Kris. Spirit Wars – Winning the invisible battle against sin and the enemy. Chosen Books.2012.

Ihnen um einiges leichter fallen zu wissen, dass diese Gedanken Lügen sind und dass Sie sich davon nicht zu entmutigen brauchen. Sie wissen dann erstens, dass genau das Gegenteil von dem, was diese Gedanken sagen, der Wahrheit entspricht und dass Sie zweitens im Begriff sind, dem Himmel an Ihrem Arbeitsplatz mehr zum Durchbruch zu verhelfen, ansonsten der Feind keinen Grund hätte, Sie angreifen zu müssen.

Was für eine Atmosphäre umgibt Sie?

Haben Sie schon einmal erlebt, dass Sie beim Kennenlernen einer Person sogleich Widerstand von ihrer Seite Ihnen gegenüber verspürten? Obwohl Sie diese Person noch nicht richtig kannten, merkten Sie, dass diese Person gegen Sie war. Solche Gegebenheiten können ihren Grund in der unsichtbaren Welt haben. Wenn Sie an einen Ort kommen oder mit einer Person in Kontakt treten, muss jede Dunkelheit, alles Böse weichen, weil Jesus in Ihnen lebt. Dieses Böse weicht jedoch meistens nicht einfach ohne Widerstand. Bis Sie kamen, haben dunkle Mächte das Territorium besetzt und sie geben dieses nicht gerne auf. Wenn sich also Personen Ihnen gegenüber sehr merkwürdig verhalten, hat dieses Verhalten möglicherweise einen geistlichen Hintergrund. Ich habe dies bei einem Arbeitskollegen einmal stark wahrgenommen. Er war mir nicht wohl gesinnt. Die Atmosphäre zwischen uns war angespannt. Eines Tages habe ich dann für ihn im Stillen gebetet. Kurz darauf hatte ich wieder mit ihm zu tun und merkte, dass sich die Situation zwischen uns verändert hat. Die Beziehung war um einiges entspannter.

Seien Sie sich also bewusst, was in der unsichtbaren Welt abgeht. Bitten Sie Gott Ihnen aufzuzeigen, wo und wie Satan Einfluss nimmt und sprechen Sie dann die Wahrheit in diese Bereiche.

Verwirrung

Satan will Verwirrung hervorrufen. Er will Unruhe stiften. Wenn wir verwirrt und unruhig sind, können wir nicht mehr aus der Ruhe leben. Sobald Sie Verwirrung und Unruhe feststellen, bitten Sie Gott, Ihnen wieder Ruhe zu schenken. Fällen Sie Entscheidungen erst, wenn Sie eine innere Ruhe verspüren. Die innere Ruhe ist nicht abhängig von der Art der Entscheidung. Selbst Entscheidungen, ohne genaue Kenntnis, wo es hingeht oder welches die nächsten Schritte sind, können Sie aus der Ruhe treffen. Anzeichen von Unfrieden sind meistens Zeichen dafür, dass Sie noch etwas mit Gott klären dürfen. Er hat in jeder Situation Frieden für Sie bereit.

Unser Vater im Himmel sieht immer das Ganze. Seine Zeitplanung passt. Für uns besteht die Herausforderung darin, einen guten Mix aus „pro aktiv sein" und „warten" zu finden. Wann ist es an der Zeit (pro)aktiv zu sein, an Dingen zu arbeiten und wann geht es darum, einfach zu warten? Der Zeitpunkt um etwas zu machen, etwas zu sagen oder zu einer bestimmten Zeit an einem bestimmten Ort zu sein ist für unseren Erfolg oft entscheidend. Je besser wir unseren Vater spüren, desto besser erkennen wir, wann die richtigen Zeitpunkte da sind. Satan wird uns oft das geben, was uns Gott versprochen hat. Er gibt es jedoch, bevor wir bereit sind dafür. In der Bibel finden wir viele Bibelverse über das Thema „warten" und ich glaube, das Geheimnis besteht oftmals darin, immer wieder auf unseren himmlischen Vater zu warten. Warten, bis wir Klarheit haben, warten, bis wir seine Gegenwart, sein Herz für und über einer Sache spüren.

Wir, die Hoffnung

Eine Person mit einer gesunden Identität weiss, dass sie auf der Erde ist um Hoffnung und Leben zu bringen. Eine Person mit einer gesunden Identität weiss, dass sie wertvoll ist, dass sie gewollt ist, dass sie geliebt und liebend ist, dass sie stark ist, unerschütterlich, sanftmütig, geduldig, freundlich, friedfertig, selbstbeherrschend, grosszügig, hoffnungsvoll. Und sie weiss, dass sie dafür geschaffen ist, diese Eigenschaften in anderen Personen zu sehen und sie danach zu behandeln.

Anwendungen

1. Machen Sie es sich bequem und fragen Sie Gott, ob es etwas gibt, das Sie beeinträchtigt seine Stimme zu hören. Wenn es etwas gibt, fragen Sie Gott, mit welcher Wahrheit Sie diese Lüge ersetzen können.

2. Fragen Sie Gott, was er über Sie denkt.

3. Rufen Sie sich diese Wahrheiten immer wieder neu in Erinnerung.

4. Wo erkennen Sie die oben genannten Angriffsmuster Ihres Feindes?

5. Gibt es Bereiche in Ihrem Leben, wo Verwirrung herrscht? Lassen Sie sich Ruhe und Klarheit von Gott

schenken.

6. Begeben Sie sich bewusst in Gottes Gegenwart und sagen: „Vater, ich will dir begegnen. Ich will mehr von dir." Vielleicht hilft es Ihnen, wenn Sie dazu Musik im Hintergrund laufen haben oder sich an einen speziellen Ort begeben.

2. GOTT KENNT IHR HERZ UND FÜR IHN IST NICHTS UNMÖGLICH

Gott liebt Sie über alles und er kennt Ihr Innerstes. Er ist der liebende Vater, der sich freut, wenn er ihnen Freude bereiten kann. Und das Gute daran: Er kann nicht nur, er will und tut es auch.

Einen Teil der Jahre 2009 und 2010 verbrachte ich für mein Studium in Montreal, Kanada. Im Sommer bevor ich abreiste bat ich Gott um einen wirklich guten Freund. Als ich in Montreal ankam, machte ich mich auf die Suche nach einer passenden Gemeinde. An einem Sonntag, nach drei Wochen in der Stadt, besuchte ich einen Gottesdienst, der mich nicht sonderlich ansprach. Ich verliess die Veranstaltung und auf dem Weg nach draussen begegnete ich einem Typen. Er war ebenfalls neu in der Stadt, ebenfalls auf der Suche nach einer Gemeinde. Wir kamen ins Gespräch und tauschten unsere E-Mail Adressen aus. Einige Zeit später trafen wir uns zum Nachtessen. Was sich danach entwickelte ist eine tiefe Freundschaft. Wir trafen uns ca. 4-5 Mal in der Woche, tauschten aus, studierten die Bibel, hatten Spass zusammen. Wir inspirierten uns gegenseitig und lehrten uns gegenseitig in verschiedenen Bereichen. Der Typ wurde zu meinem besten Freund, und er ist es immer noch. Gott erhörte mein Gebet auf eindrückliche Art und Weise. Er sah mein Herz, er wusste, was ich brauchte. Er wusste, was mich freuen würde und er beschenkte mich innert kürzester Zeit.

Das Wintersemester in Kanada ging um einiges früher zu Ende als dasjenige in der Schweiz. Dies bedeutete, dass ich viereinhalb Monate Ferien hatte. Diese Zeit wollte ich unbedingt nützen, um ein Praktikum zu machen, am liebsten bei einer Beratungsfirma. Ich begann bereits im Januar mich umzuschauen und Bewerbungen zu schreiben. Ausser Absagen tat sich während ungefähr zweieinhalb Monaten nichts. Es war bereits März, als ich schliesslich wie aus heiterem Himmel von einem Studienkollegen eine Einladung zu einem für die breite Öffentlichkeit nicht zugänglichen sozialen Netzwerks erhielt. Beitreten kann man nur, wenn man von einem Mitglied eingeladen wird. Auf diesem Netzwerk hat es unter anderem auch ein Stellenportal. Ich sah mich da um und was ich entdeckte, war eine Stelle bei einer Beratungsfirma in London, England. Die Firma suchte einen deutschsprachigen Praktikanten. Ich verschickte sogleich meinen Lebenslauf und kurze Zeit darauf bekam ich eine Antwort. Sie luden mich zu einem Telefoninterview ein. Nach dem rund zwanzigminütigen Interview bekam ich die Zusage für die Stelle. Sie fragten mich danach, in welchem Zeitraum ich denn kommen könne. Ich sagte, ich käme gerne von anfangs Mai bis Ende August. Darauf boten Sie mir an, dass wenn ich Lust hätte, ich sogar früher beginnen und länger bleiben könne. Wow! So reiste ich nach dem Semesterende nach London und begann da sogleich mein Praktikum. Die nächste U-Bahn-Station zum Gebäude in welchem die Firma ihren Sitz hatte war der „Piccadilly Circus". Alle, die London kennen, wissen, dass der Piccadilly Circus im Herzen von London ist. Stellen Sie sich vor, was dies für mich bedeutete. Meine Leidenschaften sind Reisen, Internationalität und das Geschäftsleben und da war ich nun: Mitten in einer der berühmtesten Städte der Welt, bei einer Beratungsfirma, wie ich es mir erträumt hatte. Zusätzlich war mein Arbeitsgebiet sehr vielfältig. Ich hatte die Möglichkeit, zu Treffen mit Führungspersonen zu gehen oder durfte selbst Telefoninterviews mit Spezialisten durchführen.

Ich war und bin immer noch beeindruckt von Gottes Möglichkeiten und wie er auf meine Wünsche einging. Innerhalb von dreiviertel Jahren schenkte mir Gott den besten Freund und ein Wahnsinns-Praktikum. Ich hätte mir dies nie erträumen können. Für beides habe ich gebetet. Beides entsprach meinen Herzenswünschen. Gott sieht auch Ihr Herz. Teilen Sie ihm Ihre Wünsche mit. Untertreiben Sie nicht, packen Sie alles aus. Seine Möglichkeiten sind unendlich, für ihn ist nichts unmöglich. Gar nichts.

Der Buchwunsch geht in Erfüllung

Bevor wir in einen Sommerurlaub fuhren, war ich auf der Suche nach einem bestimmten Buch. Die Suche bei einem Onlinehändler zeigte mir, dass die Lieferung bei einem noch erschwinglichen Preis sehr lange dauern würde. Ich entschied mich dann gegen den Kauf. Wir nahmen unsere

Ferien in Angriff und besuchten Freunde auf einem anderen Kontinent. Mein Blick schwenkte bei ihnen durchs Bücherregal und raten Sie, welches Buch entdeckte: Genau das, welches ich vor wenigen Wochen kaufen wollte. Unsere Freundin sagte mir dann, dass ich das Buch mitnehmen könne.

Ich habe nicht für dieses Buch gebetet. Es war ein Buch, das ich sehr gerne gelesen hätte und dies wusste mein Vater im Himmel und er wollte mir das Buch schenken, weil er mich liebt.

Gedörrte Tomaten

Kurze Zeit bevor wir in die Sommerferien reisten, war ich in einem Einkaufszentrum und dachte mir, dass ich gerne wieder einmal gedörrte Tomaten essen würde. Ich schaute mich kurz um, fand jedoch keine. Es war mir zu wenig wichtig, als dass ich intensiv danach suchen wollte. So verliess ich das Einkaufszentrum ohne gedörrte Tomaten. Wenige Wochen später waren unsere Ferien da und wir verreisten nach Übersee. Sehr oft, wenn man in der Economy Klasse so weit fliegt, bekommt man die Wahl zwischen Geflügel und Pasta (meist mit einer Tomatensauce). Geflügel oder Pasta, so hiess die Wahl auch dieses Mal. Ich entschied mich für Pasta. Es war jedoch keine Tomatensauce. Es war eine Pestosauce mit gedörrten Tomaten. Dies hatte ich so noch nie in einem Flugzeug und ich war schon öfters so lange Strecken unterwegs. Es war für mich ein kleiner aber bedeutender Gruss vom Himmel. Als würde Gott sagen: „Ich habe die gedörrten Tomaten nicht vergessen. Was dir wichtig ist, ist mir wichtig. Geniess es!".

War es nötig, dass ich diese gedörrten Tomaten bekam? Nein. Habe ich dafür gebetet? Nein. Aber: Gott wollte mir eine Freude bereiten. Er sieht mich und er liebt mich. Auch kleine, scheinbar unbedeutende Wünsche, auch wenn es nur ein oder wenige Gedanken sind, er registriert es. Wir sind ihm wichtig.

Spannende Wochen

Zwei Dinge, die ich im Arbeitsalltag am meisten mag, sind international unterwegs zu sein und viel zu tun zu haben. Mir macht es richtig Spass, vom einen Termin zum anderen zu gehen. Der Blick auf einen vollen Terminkalender motiviert mich. Es war dann im Herbst 2013, als ich einmal Ende Woche in meinen Kalender sah und feststellte, dass mein Kalender in drei bis vier Wochen ziemlich leer war. Ich bat Gott daraufhin um zusätzliche Arbeit. Die besagten zwei Wochen sahen schlussendlich dann folgendermassen aus:

23.09.13: Schweiz	30.09.13: Deutschland
24.09.13: Deutschland	01.10.13: Deutschland
25.09.13: Holland	02.10.13: Frankreich
26.09.13: Holland	03.10.13: Frankreich
27.09.13: Holland	04.10.13: Schweiz

Wow. Ich war überwältigt. Gott sieht mein Herz. Er weiss, was ich mag und für ihn ist nichts, aber auch gar nichts unmöglich. Zu diesem Zeitpunkt hatte ich einen befristeten Vertrag und war noch kein halbes Jahr im

Unternehmen. Trotzdem erhielt ich die Möglichkeit viel zu reisen und hatte interessante Arbeiten. Unser Vater sagt: *„Bittet, und es wird euch gegeben; sucht, und ihr werdet finden; klopft an, und es wird euch geöffnet."*[11] Es ist Zeit, unseren Vater mehr zu bitten. Ihm unsere Wünsche mitzuteilen, egal was es ist.

Was für eine Zivildienststelle

Nach meinem Studium und einem nicht optimal verlaufenen ersten Arbeitsverhältnis hatte ich einige freie Monate, bevor es mit meinem nächsten Vorhaben weiterging. Ich wollte in diesen Monaten meinen Zivildienst leisten. Es war mein Anliegen etwas zu tun, das mich weiter bringen würde. Ich sah dann eine Stelle ausgeschrieben als „Verantwortlicher Marketing & Kommunikation" für eine Non-Profit Organisation. Ich bewarb mich und kurze Zeit später konnte ich mit dieser Stelle beginnen. Nebst der Tatsache, dass Marketing ein Teil meines Studiums war, ist es auch etwas, das mich stark interessiert und mir Freude bereitet. In den kommenden Monaten hatte ich die Möglichkeit ein Marketingkonzept und eine Social-Media Strategie auszuarbeiten, dazu kam die Mitarbeit an einem Fundraisingkonzept und an einem Krisenkommunikationskonzept. Dies sind alles Aufgaben, die ein Studienabgänger normalerweise definitiv nicht direkt nach dem Studium zugeteilt erhält. Normal und durchschnittlich sind jedoch nicht Gottes Massstäbe. Er führt uns an Orte, die wir uns nicht erträumen können. Relativ kurze Zeit nach meinem Einstieg in die Non-Profit Organisation bekam ich bereits das Angebot für eine

---

[11] Matthäus 7,7

Festanstellung und nahm dieses für weitere vier Monate an.

Was dieser Zeit noch voraus ging, war mein Gebet zu Gott, dass ich gerne einen Mentor hätte. Eine ältere Person, die mich lehren kann und weiter bringt. Nach einiger Zeit bei dieser Organisation wies mich Gott darauf hin: „Hast du eigentlich gemerkt, dass ich dir mit deinem aktuellen Chef einen Mentor zur Seite stellte?". Ich realisierte sofort, dass dies stimmte. Wow. Ich konnte von meinem damaligen Chef extrem viel lernen. Er übergab mir Verantwortung, traute mir etwas zu und aus Gesprächen mit ihm konnte ich immer wieder Dinge mitnehmen.

Manchmal haben wir unsere Vorstellungen, wie Gott unsere Gebete erhören und erfüllen müsse und dann tut er es, aber anders, als wie wir es uns vorstellen. Manchmal stellen wir es zunächst nicht einmal fest. Für was haben Sie Gott gebeten und warten noch auf seine Antwort, die er Ihnen bereits gegeben hat?

Der Abflug verzögert sich

Während meinem Praktikum in London reiste ich einige Male übers Wochenende nach Hause. Als ich einmal von so einem Wochenende zurückkehrte, erkundigte ich mich nach dem richtigen Abfluggate, ging durch die Handgepäckkontrolle und marschierte Richtung Gate. Dort realisierte ich, dass dieser Flug zwar nach London ging, es aber nicht der war, für den ich das Ticket hatte. Ich war zeitlich knapp dran und realisierte zu diesem Zeitpunkt, dass mein Flug in wenigen Minuten von einem anderen Terminal aus starten sollte. Ich betete, dass ich es schaffen würde und so rannte ich los. Noch unterwegs hörte ich über den Lautsprecher, dass dieses Flugzeug technische Probleme hatte und daher mit dem Einsteigen noch nicht begonnen werden konnte. Als ich dann beim richtigen Gate ankam, ging es nicht lange und über den Lautsprecher wurde verkündet, dass die technischen Probleme bereits behoben worden seien und mit dem Einsteigen nun begonnen werden könne. Was sagt man dazu? Gott schaut zu seinen Kindern.

Parkplatzgeschichten

An einem Samstag war ich einkaufen. Für ein Geschenk wollte ich anschliessend noch in die nächstgelegene Stadt fahren. Ich wusste, dass es in der Nähe des Weinladens, den ich besuchen wollte, Parkplätze hat, allerdings nur in beschränkter Anzahl. Im Namen Jesu setzte ich einen Parkplatz frei und fuhr Richtung Stadt. Am Anfang dieser Strasse sah ich bereits einen freien Parkplatz, da hörte ich Gott innerlich zu mir sagen: „Ich habe noch einen Parkplatz, der näher ist für dich." So fuhr ich weiter und tatsächlich, da war ein weiterer freier Parkplatz. Ich parkierte und ging zur Parkuhr wo ich sah, dass bereits Parkgeld für die Zeit, welche ich für den Einkauf benötigen würde, bezahlt worden war.

Die Schulung in Amsterdam

Einmal kurz vor Weihnachten kam mein Abteilungsleiter in meiner Anwesenheit zu meinem direkten Vorgesetzten und sagte ihm, er solle sich im März drei Tage für eine Schulung in Deutschland reservieren. Ich wusste, um was es in der Schulung ging: eine Verkaufsmethode, die mich sehr interessierte. Die Schulung war jedoch limitiert auf 12 Teilnehmer mit eher höheren Geschäftspositionen. Ich betete danach kurz zu meinem himmlischen Vater und sagte ihm, dass ich diese Schulung ebenfalls gerne machen würde. Ungefähr drei Wochen später erhielt ich von unserem Abteilungsleiter eine Einladung für eine Schulung zum selben Konzept. Als ich die E-Mail durchlas, stellte ich fest, dass die Schulung in Amsterdam, Holland, stattfinden würde. Deutschland wäre auch in Ordnung gewesen, aber Amsterdam gefiel mir doch noch ein bisschen besser. Ich liebe es, wie Gott mein Herz kennt und wie er auf meine Wünsche eingeht. Ich habe diesen Wunsch nur einmal kurz bei ihm platziert, dies reichte ihm um mich zu beschenken.

Mehr Einfluss durch weniger tun

Im April 2013 hatte ich eine neue Dimension innerer Ruhe erreicht. Es war eine Zeit, wo ich nicht darauf bedacht war möglichst viel in der Bibel zu lesen oder an diverse Konferenzen zu gehen. Ich „leistete" also nicht besonders viel für Gott. Ich war dadurch trotzdem, oder eben erst recht, nahe an Gottes Herz. Ich spürte, dass ich nahe bei ihm war. Gerade in dieser Zeit wurden innerhalb von vier Tagen zwei Anfragen an mich herangetragen. Eine christliche Gemeinde fragte an, ob ich bei ihnen predigen würde und eine politische Gemeinde fragte an, ob ich die Rede zum Nationalfeiertag der Schweiz bei ihnen halten würde. Beide Anfragen freuten mich riesig, weil ich erstens gerne predige und es mich andererseits überwältigte, eine Festrede in einer politischen Gemeinde halten zu dürfen. Im Nachhinein ist es für mich, als hätte mir Gott damit sagen wollen: „Ich bin der, der es tut. Ich gebe Einfluss, ich gebe dir die Möglichkeiten, ich gebe Gunst. Du kannst und musst es dir nicht verdienen. Ich liebe dich und ich beschenke dich gerne."

Die Festrede war für mich dann eine ideale Möglichkeit um zu lernen, wie wir Personen um uns herum mitteilen können, dass sie wertvoll sind und mehr Leben für sie bereitsteht. An den Reaktionen der Zuhörer merkte ich, wie sich die Leute nach Echtheit sehnen. Es geht nicht um heilige Floskeln, auch geht es nicht immer darum, Bibelverse zu zitieren. Die Leute sehnen sich nach Echtheit und Ermutigung. Danach, dass man Ihnen Ihre Möglichkeiten aufzeigt. Meine Rede finden Sie im Anhang.

Der Zahn hält

Wieder einmal stand der jährliche Besuch bei der Dentalhygienikerin an. Nach langem herum Fungieren in meinem Mund meinte sie, dass sich eine Füllung zu bewegen scheine. Innerlich sagte ich dann: „Zahn werde fest!". Sie schaute dann noch einmal in meinen Mund und stellte anschliessend fest: „Es scheint sich nichts mehr zu bewegen."

Einmal mehr fiel mir auf, wie wir Autorität besitzen. Nehmen wir sie in Anspruch!

Was Gott Ihnen sagen will

Ich höre Gott sagen:

„Ich liebe dich, mein geliebter Sohn und meine geliebte Tochter. Ich erfreue mich täglich über dich. Du bist etwas

Spezielles. Ich habe dich nicht einfach so gemacht, ich habe mir jeden Teil von dir genau überlegt. Als du im Mutterleib warst, habe ich dir konstant zugeschaut. Du bist herangewachsen, älter geworden. Jetzt bist du hier und liest dieses Buch. Ich kenne deine ganze Vergangenheit im Detail und sie ist mir wichtig, aber was mir noch wichtiger ist, ist dieser Moment jetzt und alles, was darauf folgt. Ich bin dein Vater und liebe dich über alles. Du sagst: „Ich weiss." Lass mich dir noch einmal erklären, was mein „Ich liebe dich über alles" bedeutet: Ich bin hier, um mit dir über deine Wünsche zu sprechen. Ich bin hier, um mit dir über deine Anliegen und Träume auszutauschen. Sie sind mir so wichtig, dass ich alles daran setzen werde dir zu helfen. Und weißt du was? Mein Heer ist ziemlich gut ausgerüstet. Es ist das stärkste auf der Erde. Wir haben alle Möglichkeiten, uns ist nichts unmöglich. Schlag ein und lass uns spazieren gehen, denn ich weiss, dass es viel gibt, das du mir erzählen willst."

Dinge freisetzen, Gott bitten

Im ersten Kapital habe ich darüber geschrieben, wie uns Autorität gegeben ist um direkt zu Dingen und Situationen zu sprechen. Bei den in diesem Kapitel beschriebenen Zeugnissen habe ich oft beschrieben, dass ich Gott um etwas gebeten habe oder wie Gott auf meine Wünsche eingegangen ist, ohne dass ich gebetet habe. Die Frage kann jetzt aufkommen, wo wir bitten sollen, wo wir direkt unsere Autorität in Anspruch nehmen sollen und wo wir nicht zu beten brauchen, weil Gott ja sowieso unser Herz sieht. Es gibt kein Patentrezept. Wir leben in einer lebendigen Beziehung mit unserem Vater und wir leben in der Freiheit. Autorität ist uns gegeben, aber ebenso dürfen wir unseren Vater bitten. Wichtig ist, dass wir um Gottes Möglichkeiten wissen. Für ihn ist nichts unmöglich. Erwarten Sie Grosses von Gott! Wenn Sie Grosses von Gott erwarten, ehren Sie ihn, denn es zeigt, dass Sie ihm Grosses zutrauen.

Anwendungen

1. Bitten Sie Gott um konkrete Dinge oder Möglichkeiten. Wenden Sie sich an ihn mit allen Fragen und Anliegen, bis Sie Antworten haben.

2. Nehmen Sie sich, z.B. abends bewusst Zeit und überlegen Sie: „Was hat mir Gott heute geschenkt? Wo erkenne ich seine Handschrift? Wofür habe ich gebetet, und wie hat er diese Gebete erhört?"

3. LEIDENSCHAFT

„Frage dich nicht, was die Welt braucht. Frage lieber, was dich lebendig macht, und dann geh hin und tu das Entsprechende. Denn die Welt braucht nichts so sehr wie Männer, die lebendig geworden sind." John Eldredge[12]

Etwas von dem, was mich am meisten begeistert, sind Personen, die ihrer Leidenschaft nachgehen. Personen, die innerlich für etwas brennen. Personen, die eine Begeisterung für etwas in sich tragen, welche so gross ist, dass sie sich unweigerlich gegen aussen ausdrücken muss. Man merkt es diesen Personen an, wenn sie in ihrem Element sind. Sie beginnen dann anders zu sprechen, ihre Ausstrahlung verändert sich, sie strahlen Leben aus. Wenn man solche Personen in Aktion erlebt, wird man selber von der Begeisterung erfasst und angesteckt. Ich bin überzeugt, dass jede Person für mindestens einen Bereich ihres Leben eine solche Begeisterung empfinden kann, ja sogar soll. Demgegenüber ist es schmerzhaft das Leben

---

[12] Der ungezähmte Mann. Brunnen Verlag. 2003.

von Personen mit anzusehen, die ohne jegliche Leidenschaft leben. Personen, die an einem falschen Ort sind, an dem sie ihr Potential nicht ausschöpfen können.

Wo ist sie, diese Leidenschaft?

Was macht Sie lebendig? Suchen Sie nicht zu weit. Was machen Sie gerne? Wo sind Sie in Ihrem Element? Bei was vergessen Sie die Zeit? Was können Sie stundenlang tun und sich danach nicht erschöpft, sondern belebt fühlen? Viele Personen tragen ihre Leidenschaft bereits in sich. Vielleicht muss diese zunächst wieder neu aufflammen können, aber sie ist da. Vielleicht verspürten Sie einmal eine Leidenschaft für etwas Bestimmtes, haben diese aber aufgrund einer Entmutigung, sei das durch die negative Äusserung einer Drittperson oder sonst eine prägende Erfahrung, verloren. Vielleicht denken Sie aber auch, dass Sie noch nie Leidenschaft für etwas empfunden haben. Egal, ob Ihnen Ihre Leidenschaft abhandengekommen ist oder ob Sie das Gefühl haben, diese noch nie so richtig empfunden zu haben: Ich habe gute Neuigkeiten: Heute ist der Tag, an dem Sie Ihre Leidenschaft zurückholen können. Legen Sie dieses Anliegen Gott hin, bitten Sie ihn, Ihnen Ihre Leidenschaft wieder zurück zu geben oder Ihnen zum ersten Mal richtige Begeisterung für etwas zu geben. Genaue Schritte, wie Sie dies tun können, finden Sie in den Anwendungen dieses Kapitels.

Warum wir Leidenschaft brauchen

Mit Leidenschaft macht das Leben mehr Freude. Mit Leidenschaft sind Sie bereit, Exzellenz anzustreben und so neue Dimensionen zu erreichen. Personen, die begeistert sind, begeistern andere. Das Leben kann manchmal hart sein; wenn wir keine Leidenschaft haben, kann es schnell zu viel werden. Das Gute an der ganzen Sache ist, dass auch Leidenschaft nichts ist, das wir uns selbst erarbeiten müssen.

Ihre Leidenschaft, Gottes Freude

Jesus sagte, er sei gekommen, um das Leben zu bringen und dies in der Fülle.[13] Diese Aussage drückt Leidenschaft pur aus. Das Leben in der Fülle. Immer wenn wir das Leben in der Fülle erleben, ernten wir, was Jesus gesät hat. Wenn Sie dieses Leben erleben, erfreut sich Gott, denn er ist genau dafür auf die Erde gekommen. Wenn Sie der Leidenschaft nachgehen, die Gott in Ihr Herz gelegt hat, dann freut sich Gott mit und an Ihnen.

Sie dürfen, ja, Sie dürfen

Vielleicht haben Sie Vorstellungen darüber, was in Gottes Augen in Ordnung ist und was nicht. Vielleicht haben Sie Vorstellungen darüber, bei welchen Aktivitäten Sie nahe bei Gott sind und bei welchen nicht. Vielleicht hat auch Ihr Umfeld genaue Vorstellungen darüber, was „christlich" ist und was nicht. Wo Gottes Geist ist, da ist Freiheit. Was tun Sie, wenn Sie frei sind? Ich tue Dinge, die mir Freude bereiten, Dinge, die mich begeistern. Ich weiss, ich darf. Ich lebe in der Freiheit. Sie dürfen also Ihrem Herzen folgen. Tun Sie, wofür Ihr Herz brennt. Legen Sie los! Ich bin überzeugt, dass, wenn wir das tun, was wir am liebsten tun, wenn wir das tun, wofür unser Herz schlägt, wir eins mit Gott und dem Himmel sind, denn wir leben dann

---

[13] Johannes 10.10

unsere Bestimmung. Wir leben, wozu wir bestimmt sind und Gott wünscht sich nichts mehr als das. Jesus ist nicht interessiert an blossen Regeln, er ist interessiert am Leben. Als er jemandem ins Gesicht spuckte, als er am Sabbat entgegen dem Gesetz seinen Jüngern erlaubte Ähren auf dem Feld abzureissen und als er seiner Familie sagte, nicht sie seien seine Familie, sondern jeder, der ihm nachfolge, war er nicht in erster Linie bestrebt, guten Sitten Folge zu leisten, sondern Personen in die Freiheit zu führen. Er war immer bestrebt, die Menschen in das Leben des Überflusses zu führen.

Mut die Leidenschaft auszuleben

Was heisst dies nun konkret? Müssen Sie Ihren Job aufgeben, weil sie merken, dass ihre Arbeit Sie gar nicht begeistert? Vielleicht. Es heisst jedoch nicht, dass sie alles, wofür sie Begeisterung verspüren, in ihre neue Arbeitsstelle umwandeln müssen. Setzen Sie sich mit diesem Thema auseinander und entscheiden Sie dann mit Gott, ob Sie am richtigen Ort arbeiten. Es kann gut sein, dass Sie am richtigen Ort arbeiten, zur Zeit jedoch keine Begeisterung spüren. In diesem Fall werden Sie jedoch einen inneren Frieden verspüren und wissen, dass Sie am richtigen Ort sind. Vielleicht merken Sie jedoch auch, dass es an der Zeit ist, Ihrer Leidenschaft voll und ganz nachzugehen. Dies kann viel Mut brauchen, weil viel Neues auf Sie zukommen wird, weil Sie für eine Zeit sogar auf ein festes Einkommen verzichten müssen oder zum jetzigen Zeitpunkt noch keine Idee haben, wie es funktionieren könnte. Ich will Sie jedoch ermutigen, wagen Sie es! Dort, wo Sie eins werden mit dem Himmel, sind die Möglichkeiten unendlich. Jesus sagte, wer der Grösste sein will, soll anderen dienen.[14] Sie dienen der Menschheit in dem Bereich am besten, in welchem Ihre Leidenschaft steckt.

Leidenschaft + Vision = Durchschlagskraft

Leidenschaft alleine reicht nicht um längerfristig erfolgreich zu sein und das Optimum herauszuholen. Sie brauchen eine Vision. Eine Vision befasst sich mit den Fragen: „Wo will ich hin? Was will ich erreichen?" Ihre Vision ist dann gross genug, wenn Sie wissen, dass sie ohne Gottes Hilfe und Kraft nicht erreichbar ist. Wenn Ihre Vision um ein Vielfaches grösser ist, als Sie selbst, bietet sie eine optimale Grundlage um die Zusammenarbeit mit Gott zu vertiefen. Eine solche Vision nimmt ihnen auch viel Druck weg, denn Sie wissen, dass der Erfolg schlussendlich nicht an Ihnen liegt.

In der Geschichte der Menschheit gibt es viele Beispiele von Personen, die mit Leidenschaft und Begeisterung eine Vision verfolgten. Eines der eindrücklichsten Beispiele für mich ist Abraham Lincoln. Rick Joyner fasste einige Eckpunkte von Lincolns Leben wie folgt kurz zusammen:

„

1831	Er erlitt geschäftliche Misserfolge
1832	Er unterlag bei der Wahl in die Legislative
1833	Er hatte erneut geschäftliche Misserfolge
1836	Er erlitt einen Nervenzusammenbruch

---

[14] Matthäus 23.11

1840	Er unterlag bei der Wahl zum Wahlmann
1843	Er unterlag bei den Kongresswahlen
1848	Er unterlag wieder bei den Kongresswahlen
1855	Er unterlag bei den Senatswahlen
1856	Er unterlag bei den Vizepräsidentschaftswahlen
1858	Er unterlag erneut bei den Senatswahlen
1860	Er wurde zum Präsidenten gewählt
	Er erhielt die Union aufrecht"[15]

Diese Chronologie widerspiegelt sehr viele Misserfolge, aber sie begeistert auch. Sie lässt mich staunen und motiviert mich nie aufzugeben. Stellen Sie sich vor, wie stark die Vision und die Leidenschaft dieses Mannes gewesen sein muss. Er hatte eine sehr grosse Durchschlagskraft. Er stand nach jeder Niederlage wieder auf. Vollends begeistert dann die Tatsache, dass im Jahre 1864, noch während Lincoln Präsident war, die Sklaverei in Amerika abgeschafft wurde. Ein Meilenstein in der Geschichte der Menschheit. Und dies nur, weil Lincoln eine Leidenschaft mit einer Vision hatte.

Ihre Leidenschaft ist nicht Ihre Identität

Unsere Leidenschaft und die Begeisterung für eine Aufgabe helfen uns unsere Bestimmung zu finden und der Menschheit auf eine eindrückliche Art und Weise zu

---

[15] Joyner, Rick. Entwickle deine Führungsqualitäten. Die fünf Säulen des Erfolgs. Projektion J. 1994.

dienen. Wenn Menschen „ihre" Leidenschaft gefunden haben, identifizieren sie sich stark damit. Dies liegt in der Natur der Sache und ist gut.

Diese Leidenschaft kann uns jedoch auch zu wichtig werden. Dies ist der Fall, wenn wir uns nur noch über diese Aufgabe definieren. Wenn wir unsere Identität nur noch darin finden und sie nicht mehr in Gott haben. Eine intime Beziehung zu Ihrem himmlischen Vater ist ein gutes Gegenmittel gegen eine solche Entwicklung.

Anwendungen

1. Was sind Ihre Leidenschaften? Wenn Sie sich diesen nicht bewusst sind, bitten Sie Gott darum sie Ihnen aufzuzeigen. Schreiben Sie sich auf, was Gott Ihnen über Ihr Herz und Ihre Leidenschaften zeigt.

2. Bitten Sie Gott, Ihnen zu zeigen, wo und warum Ihre Leidenschaft verloren gegangen ist. Wenn Personen dafür verantwortlich sind, vergeben Sie ihnen und trennen Sie sich bewusst von diesen Ereignissen. Bitten Sie Gott im Anschluss darum diese Leidenschaft in Ihnen wieder zum Leben zu erwecken.

3. Was ist Ihre Vision? Bitten Sie Gott um eine Vision für Ihr Leben oder für bestimmte Bereiche Ihres Lebens.

4. Laufen Sie Gefahr, dass Sie sich nur noch über eine Aufgabe definieren? Wenn ja, suchen Sie Gottes Gegenwart und richten Sie sich nach ihm aus.

4. DER HIMMEL AN IHREM ARBEITSPLATZ

„Wir sind mit all dem, was der Himmel bereithält, ausgestattet, um es an unserem Arbeitsplatz zu verschenken."

Wenn Ihre Identität gesund und gefestigt ist, wenn Sie genau wissen, dass für Gott nichts unmöglich ist und wenn Sie eine brennende Leidenschaft und Begeisterung ins sich tragen, bringen Sie für ihren Arbeitgeber bereits damit einen Mehrwert. In diesem Kapitel werde ich jedoch noch konkreter und praktischer darauf eingehen, was es heisst, ein Segen für Ihr Unternehmen zu sein.

Zünden Sie täglich das Feuer an

Auch wenn Sie grundsätzlich leidenschaftlich sind, wird es Tage oder Momente geben, an denen Sie die Leidenschaft nicht spüren oder sich unsicher sind, ob Sie sich noch am richtigen Arbeitsplatz befinden. Vielleicht kommen dann mühsame und langweilige Tätigkeiten dazu. Wenn Sie in solchen Momenten Ihren Gedanken freien Lauf lassen, werden sich Zweifel, Unentschlossenheit und Teilnahmslosigkeit breit machen. Die Freude wird verschwinden. In solchen schwierigen Momenten ist es umso wichtiger, dass wir bewusst auf Gott hören und ihn in unsere Situation sprechen lassen.

Ich mag mich an eine solche Situation in meinem Leben erinnern. Ich setzte mich auf meinen Lieblingsstuhl in unserer Wohnung und öffnete meine inneren Sinne. Ich hörte dann Folgendes:

„Ich bin, wo ich bin, weil mich Gott dort haben will. Wo immer ich durchgehe, alles was mich konfrontiert, was immer ich fühle, er sieht es, er weiss es. Er weiss genau, was ich brauche. Umstände dienen mir. Ich brauche diese Umstände um mehr wie Jesus zu werden, um mich mehr zu meinem besten Ich zu entwickeln." Danach hörte ich wie Gott direkt zu mir sprach und sagte: „Ich bin stolz darauf, wie ich dich an einen guten Ort geschickt habe. Ich liebe dich, mein Sohn. Mach dir keine Sorgen. Ich habe alles im Griff. Ich werde dich immer wieder an den Ort bringen, wo ich dich haben will. Nichts wird uns stoppen. Du bist in meinem Ebenbild geschaffen, du bist ein Meisterwerk, du bist einzigartig. Jetzt steh auf, mein Sohn, und verändere die Welt, indem du dich selbst bist."

Gottes Stimme, seine Worte verändern. Es geht nicht nur darum, was er sagt, sondern auch, wie er es sagt und was es auslöst. Nach dieser Begegnung mit meinem Vater im Himmel waren meine Zweifel weggeräumt. Ich wusste wieder genau, dass ich am richtigen Ort bin und dass es keinen Grund gibt mir Sorgen zu machen.

Immer, wenn Ihr Feuer zu erlöschen droht, holen Sie es

sich zurück. Ihr Vater gibt es Ihnen gerne, jederzeit. Wenn wir von ihm immer wieder neu Feuer fassen, gelingt es uns, ohne Murren und Zweifel voran zu gehen und wir werden dadurch eine Entschlossenheit und Kraft erleben, die Berge versetzen kann.

Was hat Gott heute vor?

Sie gehören zu Gottes Familie, Sie sind sein Sohn oder seine Tochter und er teilt seine Pläne gerne mit Ihnen. Ich habe begonnen, Gott regelmässig am Morgen zu fragen, was er heute für mich bereit hat, was er mir für diesen Tag mitteilen will. Eines Morgens, als ich Gott diese Frage stellte, sah ich vor meinem inneren Auge einen Baseballspieler und zwar den, der den Ball schlagen muss. Ich kenne mich nicht sonderlich gut aus mit Baseball, aber was eine kurze Recherche ergab, war, dass der Batter (Schlagmann) sich extrem konzentrieren und fokussieren muss, um den Ball zu treffen. Gute Pitcher (Werfer) werfen den Ball mit bis zu 160 km/h. Zum Zeitpunkt dieses Bildes war ich an meinem Arbeitsplatz mit einer Aufgabe beschäftigt, für die ich während Wochen eine riesige Menge von Daten richtig zuordnen und verlinken musste. Diese Arbeit brauchte Konzentration, Fokus und Disziplin. Durch den geschilderten Eindruck vom Baseballspieler wusste ich, dass Gott alles für mich bereit hatte, um diese Arbeit erfolgreich erledigen zu können. Er ermutigte mich.

Gott will mit uns zusammenarbeiten. Er will uns auf Situationen im Alltag vorbereiten, damit wir den Personen um uns herum dienen können.

Eines Morgens hatte ich den Eindruck, dass sich mein Arbeitskollege von seiner Frau im Stich gelassen fühlte. Er erzählte mir dann in derselben Woche, dass seine Frau bereits zweimal versucht hatte Selbstmord zu begehen. Zu diesem Zeitpunkt waren solche Eindrücke neu für mich und ich konnte nicht proaktiv darauf agieren. Je besser wir Gottes Stimme kennen, desto mehr können wir konkret mit solchen Eindrücken arbeiten und uns fragen: „Wenn ich dies und das nun im voraus weiss, wie kann ich damit anders handeln, als wenn ich dieses Wissen nicht hätte?"

Sie, ein wesentlicher Teil

Arbeiten Sie einfach für ein Unternehmen, oder sind Sie ein Teil davon? Ihre Antwort auf diese Frage entscheidet nicht nur, wie involviert sie sind, sie entscheidet auch darüber, was für Entscheidungen Sie im Arbeitsalltag treffen. Wenn Sie sich als einen Teil des Unternehmens sehen, für das Sie arbeiten, sind Sie bereit, Verantwortung zu übernehmen. Es liegt in Ihrer Natur, das Beste zu geben, jeden Tag. Sie betrachten das Unternehmen als „Ihr" Unternehmen. Sie wissen, dass Ihre Arbeit wichtig ist, denn sie trägt zu einem Ganzen bei. Egal, was Sie tun. Sei es Rechnungen zu verbuchen, Kundenreklamationen entgegenzunehmen, Produkte zu verkaufen, Strategien und Konzepte auszuarbeiten, Abläufe zu dokumentieren, Türen zu montieren, egal was, ihre Arbeit ist wichtig. Man erkennt Leute, die sich als Teil ihrer Unternehmung sehen, unter anderem daran, wie sie über die Unternehmung sprechen. Personen, die sich als Teil ihrer Firma sehen, sprechen in der „Wir-Form". Sie sagen: „Wir haben ein neues Produkt auf den Markt gebracht. Wir sind in diesen und jenen Segmenten tätig. Wir haben eine gute

Unternehmenskultur."

Diese Haltung braucht es auch in unseren Abteilungen, in unseren Teams, gegenüber unseren Vorgesetzten. Wenn die Abteilung, in der ich arbeite, ein Projekt durchführt, dann bin ich Teil dieses Projektes. Es ist mein Projekt. Auch wenn ich nur wenig zum Projekt beitrage. Wenn meine Abteilung eine Herausforderung zu meistern hat, dann ist dies auch meine Herausforderung. Wenn mein Vorgesetzter eine Herausforderung hat, dann ist dies auch meine Herausforderung. Wir können und müssen nicht Verantwortung für andere Personen übernehmen, aber wir können Ihnen auf verschiedene Art und Weise zur Seite stehen. Wenn wir uns als einen Teil einer Sache sehen, dann stellen wir unsere Hilfe zur Verfügung. Wir fragen, wo wir die Sache unterstützen können. Wir denken mit. Wir sind Eigentümer. Wir sehen, wo die Herausforderungen liegen, weil wir es sehen wollen. Wenn Sie etwas verändern wollen, müssen Sie verstehen, wie die Situation zurzeit aussieht und dies gelingt Ihnen am besten, wenn Sie sich als einen wichtigen Teil Ihres Unternehmens sehen.

Gallup Inc., eine amerikanische Beratungsfirma, hat in den Jahren 2011 und 2012 Arbeitsplatz-Untersuchungen durchgeführt. Unter anderem untersuchte sie, wie viele aller Angestellten auf der Welt mit Leidenschaft bei der Arbeit sind und sich mit ihrem Arbeitgeber verbunden fühlen. Wie viele Personen innovativ sind und das Unternehmen voran bringen. Das Resultat ist erstaunlich. Es sind nur 13% aller Arbeitnehmer.[16] Für einen grossen

---

[16] Reilly, Robyn. Five ways to improve employee engagement

Teil der Menschen ist die Arbeit ein Mittel zum Zweck, eine Pflicht, die es zu erfüllen gilt. Es geht vielen Arbeitnehmern primär darum, Geld zu verdienen. Sie identifizieren sich nicht mit der Unternehmung, in der sie arbeiten.

Wenn Sie Einfluss auf Ihr Arbeitsumfeld haben wollen, müssen Sie zu den oben erwähnten 13% gehören. Wir können nur Einfluss nehmen, wenn wir uns mit dem Umfeld, in dem wir arbeiten und mit dem Unternehmen, welches wir vertreten, identifizieren. Wir müssen uns als Teil der Unternehmung sehen, damit wir aufkommende Probleme verstehen, Verantwortung übernehmen und uns gewinnbringend einbringen können. Vielleicht sehen Sie jetzt auch bereits die Verbindung zum ersten Kapitel. Nur Personen mit einer gesunden Identität wissen, dass sie etwas beizutragen haben, dass ihr Beitrag wichtig ist. Und nur Personen mit einer gesunden Identität verstehen, dass es essenziell ist, sich als einen Teil des Ganzen zu sehen, sich mit der Unternehmung eins zu machen.

Den Vorgesetzten ehren

Ein grosser Teil, wie wir unser Unternehmen voran bringen können, besteht darin, unsere Vorgesetzten zu ehren. Jemanden längerfristig und nachhaltig zu ehren gelingt uns wiederum erst, wenn unsere Identität gesund ist. Wir ehren unsere Vorgesetzten nicht nur dann, wenn wir unsere Aufgaben mit Exzellenz erledigen. Wir ehren sie, wenn wir für sie mitdenken und uns fragen, wie wir ihnen gerade jetzt dienen können. Jemanden zu ehren wird

now. http://businessjournal.gallup.com/content/166667/five-ways-improve-employee-engagement.aspx ,17.02.2014.

jeweils vor allem dann zur Herausforderung, wenn wir mit dessen Entscheidungen nicht einverstanden sind. Sind Entscheidungen einmal getroffen, auch wenn wir sie nicht verstehen können oder sie uns anders gewünscht hätten, tun wir gut daran, wenn wir uns so schnell wie möglich daran erinnern, dass wir zusammen mit unseren Vorgesetzten ein Team bilden. In einem erfolgreichen Team fragt sich jeder, was das Beste für das Team ist und nicht, was das Beste für einen selbst ist.

Einmal habe ich bei einem Unternehmen mit einem befristeten Arbeitsvertrag zu arbeiten begonnen. Nach einiger Zeit machte sich mein Vorgesetzter auf Personalsuche. Ich wusste, dass er damit eine Stelle zu besetzen versuchte, welche ich gerne angetreten hätte. Er suchte eine Person mit mehr Erfahrung, als ich sie ausweisen konnte. In einer solchen Situation hilft es, wenn wir uns darauf besinnen, warum wir da sind, wo wir sind. Wir sind in einem Unternehmen tätig, um dort den Himmel zu bringen. Dies bedeutet, dass wir die Leute um uns herum jederzeit ehren und exzellente Arbeit abliefern möchten. Wie wäre es, wenn wir in einer solchen Situation unserem Vorgesetzten sogar bei der Suche helfen würden? Erinnern Sie sich, es hat immer genug, Gott weiss genau, was Sie brauchen und wo er Sie haben will. Sie brauchen Sich nicht zu sorgen.

Stehen Sie zu Ihrem Wort

Wenn die Leute um Sie herum merken, dass Sie zu Ihrem Wort stehen, dass Sie halten, was Sie versprechen, werden sie sich sicher fühlen und Ihnen mehr anvertrauen. Die Bibel beschreibt es in einfachen Worten: „Euer Ja sei ein

Ja und euer Nein ein Nein"[17]. Seien Sie klar, wenn Sie kommunizieren. Verbindlichkeit ist ein Wert, den wir kultivieren möchten, gerade in der heutigen Zeit.

Ob klein oder gross, beten Sie dafür

Oft sind wir in unserem Alltag so beschäftigt, dass wir uns von Aufgabe zu Aufgabe bewegen, ohne uns grosse Auszeiten zu nehmen. Wir vergessen dabei, dass wir Gott jederzeit um noch so kleine Dinge bitten können. Im Rahmen der Einarbeitung bei einer Firma nahm ich einmal an einer Schulung für deren Kunden teil. Kurz nachdem der Schulungsleiter mit seiner Präsentation gestartet hatte, begann der Beamer zu flackern. Es war kein grosses Problem und trotzdem störte es beim Zuhören. Innerlich betete ich: „Beamer, im Namen Jesus, funktionier wieder." Genau in dem Moment, als ich diesen Satz ausgesprochen hatte, hörte das Flackern auf.

Bei der Einführung eines neuen IT-Systems war ich zuständig für das Füllen der Datenbank eines Geschäftsbereichs. Als einmal eine Arbeitskollegin wissen wollte, bei welchem Produkt ein gewisses Problem auftrat, war mein erster Gedanke: „Unmöglich, dass ich jetzt gerade sagen kann, bei welchem Produkt dieses Problem auftritt, es sind zu viele." Mein nächster Gedanke war: „Heiliger Geist, welches Produkt ist es?" Sofort erhielt ich die Antwort darauf und konnte meiner Arbeitskollegin helfen.

Dies sind „kleine" Dinge, aber wenn wir lernen, dass wir unseren Vater jederzeit für alles anrufen können, werden

---

[17] Matthäus 5,37

wir viele wunderbare „kleine" Wunder erleben und somit unserem Unternehmen einen Mehrwert bringen.

Gott will Heilung ins Geschäft bringen

Der Himmel ist konstant unser Massstab. Auch bezüglich dem Thema Gesundheit. Im Himmel gibt es weder Krankheiten noch Leiden. Wie im Himmel, so an Ihrem Arbeitsplatz. Und was ist unsere Aufgabe dabei? Beten und Proklamieren. Was ist Gottes Aufgabe? Heilen.

Einmal morgens klagte einer meiner Arbeitskollegen über Rückenschmerzen. Die Heimfahrt vom Urlaub mit dem Auto habe ihm zugesetzt. Ich fragte ihn, ob ich kurz für ihn beten dürfe. Er willigte ein. So legte ich meine Hand auf seinen Rücken und sprach ein kurzes Gebet: „Im Namen Jesu spreche ich Heilung aus. Rückenschmerzen ihr müsst gehen." Nach dem Gebet fragte ich ihn, ob er eine Veränderung feststelle. Er sagte, die Schmerzen seien weg. Wow, dieser Mann hatte soeben eine Begegnung mit dem Himmel. Es war eine kurze Sache, ein kurzes Gebet und weg waren die Schmerzen.

Ein anderes Mal klagte ein Arbeitskollege über Stirnhöhlenbeschwerden. Am Morgen erzählte er mir das erste Mal davon. Dann über die Mittagszeit zum zweiten Mal und kurz vor Feierabend kam er in mein Büro und sagte nochmals, dass er sich nicht wohl fühlte. Ich erzählte ihm kurz, dass ich jeweils für Leute bete, dass dies eine kurze Sache sei und dass ich gerne kurz für ihn beten würde. Er willigte ein. So legte ich meine Hand auf seine Schultern, betete kurz und fragte ihn danach, ob er eine Veränderung verspürte. Er senkte seinen Kopf, um es nachzuprüfen, er hob den Kopf wieder, nochmals runter, nochmals hoch und danach war sein Erstaunen gross. Die Beschwerden waren weg.

Was, wenn gerade nichts passiert?

Wenn Sie mit jemandem beten, passiert niemals nichts. Sie oder die Person, mit welcher Sie beten, mögen keine sofortige Veränderung wahrnehmen, dies heisst aber noch lange nicht, dass nichts passiert ist. Wenn Sie beten, rufen Sie Ihren himmlischen Vater direkt an. Er ist der Mächtigste im Universum und hat ein riesiges Heer von Engeln, die uns auf seinen Befehl hin zur Seite stehen. Wir mögen im Moment nichts wahrnehmen, doch in der unsichtbaren Welt verändert sich jedes Mal etwas, wenn wir beten.

Ich habe auch schon für jemanden im Geschäft gebetet, der keine sofortige Besserung wahrnahm. Trotzdem brachte meine Frage, ob ich für sie beten dürfte, dieser Person zum Ausdruck, dass ich mich um sie kümmere, sie mir wichtig ist. Wir hatten ein gutes Gespräch vor dem Gebet und nachher. Ich erzählte ihr, was ich jeweils erlebe, wenn ich mit Personen bete. Die Person öffnete sich und ich erfuhr mehr über Ihre Ansichten. Wir kamen uns somit näher, teilten einen Teil unseres Lebens miteinander. Die Bereitschaft dieser Person, für sich beten zu lassen, öffnete Gott die Türen um sich dieser Person zu nähern. Seit dieser Begegnung hat sich die Beziehung zwischen uns verändert. Wir stehen uns näher, die Grundlage für eine noch tiefere Beziehung ist geschaffen. Dies bedeutet, dass, auch wenn keine sofortige Heilung eingetreten ist, dennoch viel passiert ist.

Mehr Mut

Wenn wir für Leute beten wollen oder andere Dinge tun wollen, die Gott uns aufzeigt, brauchen wir oft Mut. Mut um etwas zu versuchen, von dem wir den Ausgang nicht kennen. Wir müssen bereit sein, abgelehnt zu werden. Chris Overstreet, ein amerikanischer Pastor sagte Folgendes: „Glaube buchstabiert sich folgendermassen: R-I-S-I-K-O."[18] Unser Wachstum, der Grad, wie fest wir die Welt verändern werden, hängt zu einem grossen Teil davon ab, wie viele Risiken wir bereit sind einzugehen. Wie werden wir also risikofreudiger?

Zwei Dinge, welche ich als elementar erachte, sind unsere Nähe zum Vater und eine kindliche Art. Unsere Beziehung zum Vater wird darüber bestimmen, wie viel Risiko wir bereit sind einzugehen. Je besser wir unseren Vater kennen, desto mehr wissen wir, dass er uns nie im Stich lässt und dass für ihn nichts unmöglich ist. Ich fragte Gott einmal, wie ich ihm mehr vertrauen könne. Er antwortete mir und sagte: „Lern mich besser kennen." Wenn Sie also merken, dass Sie mehr Mut möchten, suchen Sie seine Gegenwart, lernen Sie ihren Vater noch besser kennen.

Im ersten Kapitel habe ich darüber geschrieben, dass dort, wo der Geist ist, Freiheit regiert. Diese Freiheit wird uns Zugang zu einer kindlichen Art geben. Kindlich und kindisch dürfen nicht verwechselt werden. Kindisch setze ich mit unreif und unweise gleich. Kindlich bedeutet unbefangen zu sein, sich nicht darum zu kümmern, was andere denken, keine Sorgen mit sich zu tragen, im

---

[18] Übersetzt aus: Overstreet, Chris. A practical guide to evangelism-supernaturally. Destiny Images Publishers Inc. 2011.

Moment zu leben, zu träumen, Fragen zu stellen, etwas so lange zu probieren, bis es funktioniert, hartnäckig zu sein, zu wissen, dass ein Vater da ist, der sich um einen sorgt. Kinder wägen nicht so lange die Konsequenzen ihres Handelns ab, bis sie ihr Vorhaben abblasen. Sie tun es einfach.

Wir streben nach Exzellenz

Alles was Gott geschaffen hat, ist gezeichnet von Exzellenz. Wenn wir beispielsweise unseren Körper, die Natur oder das Universum studieren, versetzt uns dies immer wieder in Staunen. Diese Schönheit, diese Komplexität, diese Vielfalt, einfach faszinierend, wie alles funktioniert und durchdacht ist.

Wir sind in Gottes Ebenbild geschaffen, was unter anderem bedeutet, dass auch die Eigenschaft der Exzellenz in uns wohnt. Folglich soll Exzellenz unser Massstab sein, bei allem, was wir tun. Wann kann man etwas als exzellent bezeichnen? Wenn eine Lösung, ein Produkt, eine Zusammenarbeit Personen näher zum Herz des Vaters führt. Wenn die Schönheit oder Funktionsweise von etwas Staunen auslöst, weil es unser Herz lebendig machen lässt. Wenn ein Prozess reibungslos funktioniert nachdem er zuvor immer stockte. Wenn wir auf einmal für das selbe Produkt nur noch die Hälfte der Investition benötigen. Exzellenz ist ein Türöffner. Leute sind begeistert, wenn Sie Exzellenz erleben. Begeisterte Personen werden interessiert und interessierte Personen werden beginnen Fragen zu stellen, was uns wiederum die Gelegenheit gibt, ihnen mehr vom Himmel zu zeigen. Denken Sie bei Exzellenz nicht nur an grosse Dinge. Wir müssen lernen auch Aufgaben, die vielleicht unter unserer Qualifikation liegen, sofern es das überhaupt gibt, mit Exzellenz zu erledigen. Es sind gerade diese „kleinen", mühsamen, im Hintergrund ablaufenden Aufgaben, die uns für Grösseres vorbereiten.

Fragen Sie sich, wo Sie mit wenig Aufwand und in kurzer Zeit exzellente Resultate erreichen können. Die Antwort auf diese Frage gibt Ihnen Aufschluss über Ihren Bereich der Stärke. Es hilft zu wissen, wo wir unsere Stärken haben. Sie können sich zum einen besser ins Team einbringen und es gibt zum anderen Sicherheit, wenn Sie wissen, dass Sie in gewissen Gebieten in kurzer Zeit exzellente Resultate erzielen können. Wenn Sie Exzellenz ausleben, wird Ihr Umfeld angesteckt davon und freigesetzt dafür, ebenfalls exzellent zu arbeiten und somit nimmt die Qualität der Arbeit Ihres Unternehmens stetig zu.

Anwendungen

1. Fragen Sie den Heiligen Geist täglich, wie Sie einen Beitrag dazu leisten können, dass Ihre Abteilung voran kommt. Bitten Sie Ihn um Ideen, wie Sie Ihren Vorgesetzten heute unterstützen können.

2. Bitten Sie den Heiligen Geist, Ihnen Begeisterung für Ihren Arbeitsplatz zu schenken und die Fähigkeit, sich mit Ihrer Unternehmung identifizieren zu können.

3. Wie steht es um Ihre Risikobereitschaft? Wenn sie vorhanden ist: Los geht's! Wenn nicht, suchen Sie die Gegenwart des Vaters!

4. Beginnen Sie im Alltag Gott um kleine Dinge zu bitten.

5. MEHR.

„Dem aber, der überschwänglich tun kann über alles hinaus, was wir bitten oder verstehen, nach der Kraft, die in uns wirkt, dem sei Ehre in der Gemeinde und in Christus Jesus zu aller Zeit, von Ewigkeit zu Ewigkeit! Amen." Epheser 3.20+21

Da ist mehr. Viel mehr. Wir stehen erst am Anfang. Jesus hat uns versprochen, dass wir grössere Dinge tun werden als er sie getan hat.[19] Im Hebräerbrief lesen wir, dass Taten und Wunder wie Händeauflegen oder Tote auferwecken erst der Anfang sind.[20] Im Epheserbrief lesen wir, dass Gott unendlich viel mehr tun kann, als wir uns vorstellen können.[21] Diese Aussage trägt eine Dimension in sich, die über unseren Verstand hinausgeht. Wir werden etwas Besseres erleben als alles Frühere.[22]

---

[19] Johannes 14.12
[20] Hebräer 6.2
[21] Epheser 3.20
[22] Hebräer 11.40

Es ist schwierig über diese Dinge zu schreiben, weil sie eben so viel grösser sind als wir und weil sie neu sind. Doch sie sind eine Einladung mit Gott zu träumen, nie aufzugeben und immer weiter danach zu trachten, den Himmel auf die Erde zu bringen.

Hören Sie nie auf zu träumen

Wenn ich hier von „träumen" spreche, meine ich nicht (nur) das Träumen in der Nacht sondern das Träumen bei vollem Bewusstsein. Wenn wir bewusst träumen, setzen wir in uns Prozesse frei, die mit striktem „Realistendenken" nicht freigesetzt werden. Ich bin überzeugt, dass unsere „Traumgedanken" oft näher an Gottes Realität sind, als unsere „normalen". Gott hat mehr bereit für Sie. Bitten Sie Gott um dieses „Mehr".

Der weise Umgang mit Träumen

Je mehr Zeit Sie mit Gott verbringen, desto mehr Offenbarung werden Sie erhalten, desto mehr werden Sie träumen. Erwarten Sie nicht, dass alle Personen um Sie herum Ihre Träume verstehen. Gehen Sie davon aus, dass Sie zuerst von Gott über gewisse Dinge ins Bild gesetzt werden. Gehen Sie davon aus, dass Ihre Träume bei anderen Personen auf Unverständnis stossen, ja, dass Sie sogar als arrogant angeschaut werden. Lassen Sie sich davon nicht einschüchtern, überlegen Sie lieber, mit wem Sie was teilen wollen. Teilen Sie Ihre Träume nur mit Personen, bei denen Sie sich sicher fühlen. Personen, die Ihr Gedankengut teilen.

Wovon ich träume

Ich träume davon, dass jede Person ihre wahre Leidenschaft findet und voller Leben ist. Ich träume davon, dass jede Person weiss, dass sie selbst - mit Gott in ihrem Herzen - die Lösung für die Probleme auf dieser Welt ist. Ich träume davon, dass wir jederzeit eine klare Sicht darüber besitzen, was der Himmel für jede Situation bereit hält. Dies wird uns Weisheit darüber geben, wie wir mit unseren Arbeitskollegen umgehen können. Es wird uns zu neuen Innovationen führen. Ich träume davon, dass Führungspersönlichkeiten ihre Leute so führen, dass diese ihr volles Potential ausschöpfen können. Ich träume davon, dass Gott uns in der Nacht Träume schenkt, die uns auf den nächsten Tag vorbereiten und zwar regelmässig. Ich träume davon, dass Unternehmen bekannt werden, weil an ihren Arbeitsplätzen Freiheit herrscht und damit alle Angestellten täglich ermutigt werden. Ich träume davon, dass jeder Angestellte dazu angehalten wird neue Dimensionen zu erreichen, Neues auszuprobieren. Unternehmen und Organisationen sollen dafür bekannt sein, dass es ihnen wirklich um das Wohl ihrer Kunden geht. Ich träume davon, dass wir dafür bekannt sind, ein offenes Ohr zu haben und dass unser Umfeld erlebt, wie Veränderung durch unsere Gebete geschieht. Ich träume davon, dass wir bekannt dafür werden, dass wir Liebe und Hoffnung mit uns bringen. Ich träume davon, dass wir von Führungspersonen und Regierungen um Rat gebeten werden, weil sie merken, dass wir Zugang zu einer Weisheit haben, die übernatürlich ist, die nachhaltige, lebensspendende und profitable Lösungen hervorbringt.

„Was würden Sie dafür geben, eine medizinische Einrichtung zu haben, in welcher Personen sowohl im Wartesaal sowie durch medizinische Eingriffe geheilt werden? Was wäre, wenn Ihre Sicherheitsunternehmen immer bereits im voraus wüssten, wo und wann kriminelle Überfälle passieren werden? Was wäre, wenn ihr Gartenbauunternehmen nicht nur Pflanzen verkaufen sondern auch dafür beten würde, dass tote Pflanzen wieder zum Leben erwachten? Was wäre, wenn alle Ihre Angestellten das ganze Jahr nie krank wären? Was wäre, wenn sich Ihr Lebensmittellagerhaus von selbst wieder auffüllen würde? Was wäre, wenn jeder Kunde, der mit Ihrem Unternehmen in Kontakt tritt, voller Hoffnung und Frieden nach Hause gehen würde? Was wäre, wenn Ihr Bauunternehmen nicht nur dafür bekannt wäre nach Exzellenz zu streben, sondern auch dafür, dass umgrenzendes Land neben Ihren Bauten fruchtbarer würde?"[23]

Anwendungen

1. Wovon träumen Sie?

2. Bitten Sie Gott um das „Mehr".

3. Stellen Sie sich "Was wäre wenn…"-Fragen. Fragen Sie sich, was es für Sie in Ihrem Umfeld bedeutet, grössere Dinge als Jesus zu tun.

---

[23] Übersetzt aus: Mason, Andy. God with you at work. 2014.

SCHLUSSWORT

Als ich dieses Buch zu schreiben begann, war es meine Absicht, hauptsächlich über geschäftliche Themen und Herausforderungen zu schreiben. Je mehr ich mich jedoch damit auseinandersetzte, was es bedeutet, den Himmel ins Arbeitsumfeld zu bringen, desto mehr wurde mir klar, dass es nicht primär darum geht, Hilfestellungen für einzelne spezifische Fragen zu geben, sondern darum, ein Leben mit, durch und in Gott zu kultivieren. Das Bewusstsein und Erleben davon, dass wir Gott in uns tragen und wir somit Träger von ihm sind, ist das A und O. Es geht um seine Gegenwart. Dass sich diese durch uns erlebbar macht.

„Ja, die gesamte Schöpfung wartet sehnsüchtig darauf, dass die Kinder Gottes in ihrer ganzen Herrlichkeit sichtbar werden.“ Römer 8,19

Die Zeit ist gekommen, lassen Sie uns lebendig werden und sein. Lassen Sie uns Leben bringen. Die Welt wartet auf uns.

ANHANG

1. August Rede 2013 von Philipp Döbeli in Birrwil, AG, Schweiz

Warum es sich lohnt, täglich Diamanten zu schleifen

Liebe Birrwilerinnen, liebe Birrwiler, liebe Mitbürgerinnen und Mitbürger,

Als mich die Anfrage, die Festrede hier und heute zu halten erreichte, fühlte ich mich sehr geehrt und ich habe mit der Zusage nicht lange gezögert. Ich möchte mich an dieser Stelle herzlich für die Einladung bedanken.

Ich werde heute weder über die Energiepolitik, unsere Steuerabkommen mit den USA, die Saläre der Banker noch über die Grippen Kampfflugzeuge oder das Kopftuchverbot sprechen. Ich werde jedoch etwas thematisieren, das für unser Land, meiner Meinung nach, von ebenso grosser Wichtigkeit ist. Und zwar wird es in den kommenden Minuten um unsere Haltung gegenüber unseren Mitmenschen und unsere Haltung gegenüber gewissen Situationen gehen.

„Warum es sich lohnt, täglich Diamanten zu schleifen?", so der Titel meiner Rede. Ich will Sie mit dieser Metapher nicht zu lange auf die Folter spannen und beginne gerne mit der Auflösung: Wir nehmen für heute Abend an, jeder Mensch, Sie, ich und alle um uns herum seien Diamanten. Das Verb schleifen definieren wir in diesem Zusammenhang als „etwas Verborgenes sichtbar machen", „etwas hervorrufen, das schlummert." Diamanten schleifen bedeutet also das, was in den Menschen oder in einer Situation schlummert, hervorzurufen. Es geht erstens also darum, das Potential, welches in den Menschen um uns herum steckt, offen zu legen und zweitens geht es darum, in Situationen das Potential zu erkennen und auszunützen.

Nach dieser kurzen Definition möchte ich nun zu den Voraussetzungen kommen, die es uns erlauben, den Prozess des Schleifens in Bewegung zu bringen.

Damit ich beginnen kann, einen Diamanten zu schleifen, muss ich erkennen, dass der Stein, welchen ich vor mir habe, ein Diamant ist. Wenn ich dies nämlich nicht tue, hat der Stein keinen Wert für mich. Wenn ich Ihnen bildlich einen rohen und einen geschliffenen Diamanten gegenüberstellen würde, würden sie sehen, dass der Unterschied frappant ist. Wenn wir diese Metapher jetzt ein erstes Mal ummünzen, fällt es uns, wenn wir ehrlich sind, manchmal tatsächlich schwer, in unserem Gegenüber einen Diamanten zu sehen. Vielleicht ist es manchmal schwer, weil wir Verhaltensweisen oder Aussagen unseres

Gegenübers überhaupt nicht verstehen können oder uns davon sogar angegriffen fühlen. Vielleicht ist es manchmal aber auch einfach, weil wir so stark in unseren Alltag eingebunden sind, dass wir uns gar nicht die Mühe und Zeit nehmen um in unserem Gegenüber einen Diamanten zu sehen.

Was mir oft auffällt, ist, dass viele Diamanten sich selbst nicht als Diamanten sehen. Viele wurden noch nicht entdeckt. Vielen wurde noch nie oder viel zu selten gezeigt, welch ein wertvolles Schmuckstück sie sind resp. noch aus ihnen werden kann. Stellen Sie sich vor, Sie gehen an mehreren rohen Diamanten vorüber, ohne diese als solche zu erkennen und realisieren im Nachhinein, was Sie da verpasst haben. Die einzige Hoffnung ist, dass eine andere Person die rohen Diamanten erkennt und sie dementsprechend behandelt.

Mit diesen Worten leite ich zum zweiten wichtigen Punkt im ganzen Prozess des Schleifens über: Das Wissen darüber, was es zum Schleifen braucht.

Ein kurzer Exkurs in die Mineralogie, also die Lehre über Minerale, lässt mich ein sehr interessantes Merkmal von Diamanten hervorheben: Der Diamant ist der härteste natürliche Stoff.

Sie mögen sich jetzt fragen, wenn es keinen härteren Stoff als den Diamanten gibt, mit was wollen wir ihn dann schleifen? Wir brauchen dazu einen anderen Diamanten. Dies bedeutet konkret: Wir brauchen einander als Mitmenschen im Prozess des Schleifens. Es gibt viele rohe Steine, die darauf warten, dass jemand in ihnen den Diamanten sieht.

Nach dem Erkennen des Diamanten und dem Wissen, was es zum Schleifen braucht, möchte ich nun zur Technik des Schleifens kommen, also der Frage nach dem wie.

Ja, wie schleift man Diamanten? Sicher gibt's einfachere Fragen als diese. Jeder Diamant ist anders und nicht jeder Diamant braucht die gleiche Methodik. Trotzdem gibt es Gemeinsamkeiten für den Prozess bei jedem Diamanten. Ein wichtiger Punkt ist, dass die Person, welche schleift vor ihrem inneren Auge zu jedem Zeitpunkt das Endprodukt sieht: einen Diamanten, der das Licht in x-beliebige Richtungen reflektiert. Ein Diamant, der von Schönheit strotzt, ein Schmuckstück, das, wenn betrachtet, den Betrachter für einen kurzen Moment in eine andere Sphäre befördert und vor Staunen alles andere um ihn herum vergessen lässt. Dieses Endprodukt ist das Ziel eines jeden Schleifers. Doch warum ist dieses Ziel so wichtig? Es lässt über momentane Gegebenheiten hinwegsehen. Es erinnert einen immer wieder daran, dass das, was momentan vor uns physisch erkennbar ist, nur momentan ist.

Brechen wir dies wieder auf unseren Alltag herunter. Diamanten zu schleifen bedeutet: Leute zu ermutigen, in ihnen Verborgenes zu sehen und ihnen Trost zu spenden. Es bedeutet, ihnen die Möglichkeit zu geben, etwas ausprobieren zu können, ihnen Vertrauen entgegen zu bringen, auf ihre Fähigkeiten anstatt auf ihre Unsicherheiten zu schauen, mit ihnen etwas zu riskieren, sie nach einem Fehlschlag zu motivieren, ihnen zu zeigen, wie sie sein könnten, anstatt sie nach dem zu beurteilen, wie sie jetzt sind. Das ist nicht immer einfach. Jede Person bringt etwas anderes mit, hat mit anderen

Herausforderungen zu kämpfen. Es braucht sehr viel Feingefühl den richtigen Mix von „die jetzige Situation zu sehen und nichts verschönern zu wollen" und trotzdem das Endziel, das Endprodukt vor Augen zu haben. Und ich kann sie ermutigen, Sie können dies. Wissen Sie warum? Diamanten haben die höchste Wärmeleitfähigkeit aller bekannten Minerale. Kein Mineral kann also die Wärme, welche es erhält, besser weitergeben als der Diamant. Es liegt in Ihrer Natur Leute zu ermutigen und Wärme weiter zu geben.

Nachdem wir uns nun damit befasst haben, was Diamantenschleifen in Bezug auf unsere Mitmenschen bedeutet, widmen wir uns nun dem Diamantenschliff im Blick auf Situationen. In einer Situation den Diamanten zu erkennen, ist sehr oft eine Frage davon, wie wir die Realität sehen. Sehen wir das Glas als halbleer oder halbvoll? Ich bin überzeugt, dass unsere Haltung und wie wir die Realität sehen über sehr Vieles entscheidet.

Um dies zu veranschaulichen möchte ich Ihnen beispielshalber kurz von einem Mann erzählen, der mich fasziniert. Thomas Edison, der Erfinder der Glühbirne. Edison war bekannt für seine positive Haltung. Als er Mitte sechzig war, widerfuhr ihm eine persönliche Tragödie. Sein Labor in Amerika war weltberühmt. Grösser als drei Fussballfelder war seine Erfindungsfabrik und galt als Modell moderner Forschung und Fertigung. Edison liebte diesen Ort, nicht selten schlief er sogar dort. Im Dezember 1914 brach dort jedoch ein Feuer aus. Während er in sicherer Entfernung die Flammen beobachtete, berichteten einige Mitarbeiter, dass er sagte: „Kinder, holt die Mutter. So ein Feuer hat sie noch nie gesehen." Viele Leute wären nach solch einer Katastrophe am Boden zerstört gewesen. Nicht so Edison. Er sagte: „Ich bin 67 Jahre alt, aber nicht zu alt, um nochmals neu anzufangen."

Thomas Edison hat also den Diamanten in seiner Situation erkannt. Trotz schwieriger Umstände hat er auf die Möglichkeiten, die sich ihm bieten, geschaut anstatt sich auf das zu konzentrieren, was er eben verloren hatte. Dadurch bewahrte er sich eine positive Haltung, welche den Grundstein für weitere Innovationen legte.

Jetzt komme ich zum letzten Schritt, respektive der letzten Frage in diesem ganzen Prozess. Und zwar dem Warum. Warum lohnt es sich täglich Diamanten zu schleifen?

Leichtigkeit und Fähigkeit zu träumen

Wenn wir uns in einer Umgebung aufhalten, in der einem vor Augen geführt wird, dass es immer mehr Chancen als Schwierigkeiten gibt, versetzt uns dies in eine Leichtigkeit, die uns immer wieder aufs Neue beschwingt. In einer solchen Umgebung fühlen wir uns sicher. Ebenfalls werden wir in einer solchen Umgebung beginnen neu zu träumen.

Risikofreude und Innovation

In einer Umgebung, in der wir uns sicher fühlen, werden wir beginnen Risiken einzugehen, wir werden uns immer wieder neu an Unbekanntes herantasten. Wo wir beginnen Risiken einzugehen um unsere Träume Wirklichkeit werden zu lassen, entsteht Innovation.

Wenn wir realisieren, dass wir unbekümmert uns selbst sein können, weil wir rundherum nicht ständig kritisiert oder verurteilt, sondern ermutigt werden, erfüllt uns dies mit Freude und Erfüllung.

Wie oft kommt es vor, dass wir entmutigt werden, sei es von Personen um uns herum, oder von Misserfolgen. Wir sammeln negative Erfahrungen. Wenn wir uns dann von diesen Erfahrungen prägen lassen, wird es immer schwieriger und schwerer. Genau darum brauchen wir täglich Leute um uns herum, die in uns den Diamanten sehen, und die Leute um uns herum sind auf uns angewiesen, dass wir in ihnen dasselbe sehen. Und wir brauchen in unseren eigenen Situationen eine Sicht, die sich auf die Chancen fokussiert. Ich kann für mich sagen, dass ich eine Person sein will, die andere dazu ermutigt, unbekannte Gewässer zu betreten und an Träumen festzuhalten, egal wie die Umstände aussehen.

Schliessen möchte ich mit einem Zitat eines amerikanischen Autors, der einmal folgendes schrieb: „Das Leben ist kein Problem, das gelöst werden müsste, sondern ein Abenteuer, das gelebt werden will." In dem Sinne wünsche ich Ihnen fürs kommende Jahr viel Mut zum Schleifen. Ich wünsche Ihnen, dass Sie das Leben als ein Abenteuer sehen und sich selbst und andere als Diamanten, an denen man Freude haben darf.

Danke.